Herbert Lugschitz

MIT DEM RAD ZU KULTUR & NATUR

Burgenland
Westungarn
Südoststeiermark

Herbert Lugschitz

MIT DEM RAD ZU KULTUR & NATUR

Burgenland
Westungarn
Südoststeiermark

NP

VERLAG NIEDERÖSTERREICHISCHES PRESSEHAUS
St. Pölten–Wien

1. Auflage 1993

Umschlagentwurf: Atelier Rendl, Wien

Alle Fotos und Skizzen: Herbert Lugschitz, Wien

Gesamtherstellung:
Niederösterreichisches Pressehaus
Druck- und Verlagsgesellschaft mbH,
A-3100 St. Pölten, Gutenbergstraße 12

ISBN 3 85326 977 X

Zum Geleit

Ob im Blütenzauber des Frühlings, in der flimmernden Hitze des pannonischen Sommers oder unter südlich anmutendem mildem Herbsthimmel: Das Burgenland mit den angrenzenden Gebieten Westungarns und des südoststeirischen Hügellandes nimmt zu jeder Jahreszeit gefangen.
Eine Vielzahl von Radwanderwegen durchzieht diesen Landstrich abseits touristischer Trampelpfade, so recht dazu geschaffen, im Sattel sitzend mit der Seele zu baumeln. Die 18 schönsten und phantasievollsten Routen wurden in diesem Buch zusammengestellt.
Dabei kommt jeder Radlertyp auf seine Rechnung. Den Kulturfreund wird es wohl in die ungarischen Komitatsstädte Sopron, Köszeg, Szombathely und Körmend ziehen, zur Kathedrale von Ják oder zu den Burgen und Schlösser der Esterházy und Batthyány diesseits und jenseits der Grenze.
Wer es mit der Natur hält, kann von den Ausläufern der Alpen durch stille Ortschaften in die kleine ungarische Tiefebene rollen, in den zauberhaften Örség zum Beispiel. Die Sportiven wiederum finden auf dem Geschriebenstein und im Hügelland um Bernstein reichlich Gelegenheit, sich auszutoben. Rennradlern bietet die Sonntagsausfahrt Wien – Bad Radkersburg genügend flotte Kilometer, während die Zaghaften auf gut markierten Radwegen garantiert unbeschadet an das Ziel ihrer burgenländischen Träume gelangen. Und alle, die noch nie in dieser Gegend waren, werden es bedauern, nicht schon früher hierhergekommen zu sein.
Besonders die Weinfreunde. Sie nämlich führt „Der mittelburgenländische Rotwein-Radweg" und die Pinkataler Rotweinstraße auf Schleichwege im südoststeirischen Weinland schnurstracks ins Paradies …
Allerlei Praktisches findet sich im Informationsteil am Ende dieses Buches, mit einer Fülle guter Tips zur Planung eines Radurlaubes. Mit der Mentalität und Lebensweise der Bevölkerung vor Ort macht der Abschnitt „Land und Leute" vertraut.

Herbert Lugschitz

Wien, im Frühjahr 1993

Inhalt

Alle Radrouten in

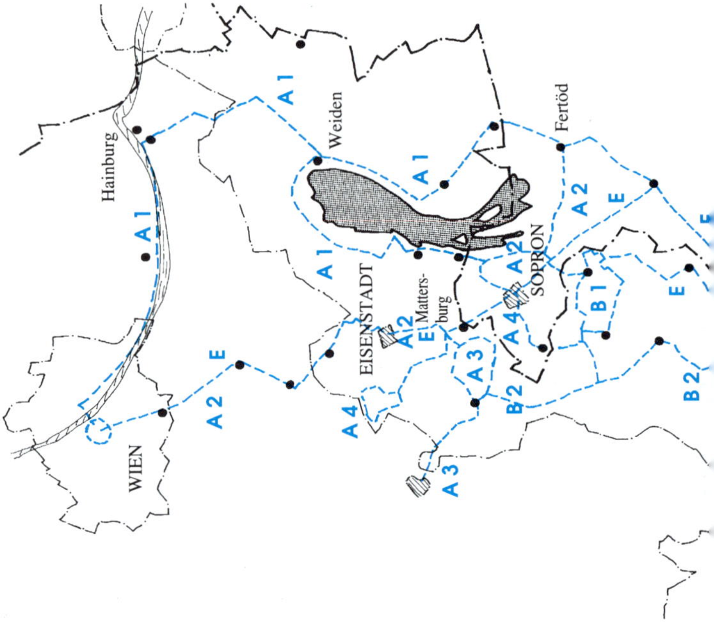

er Gesamtübersicht

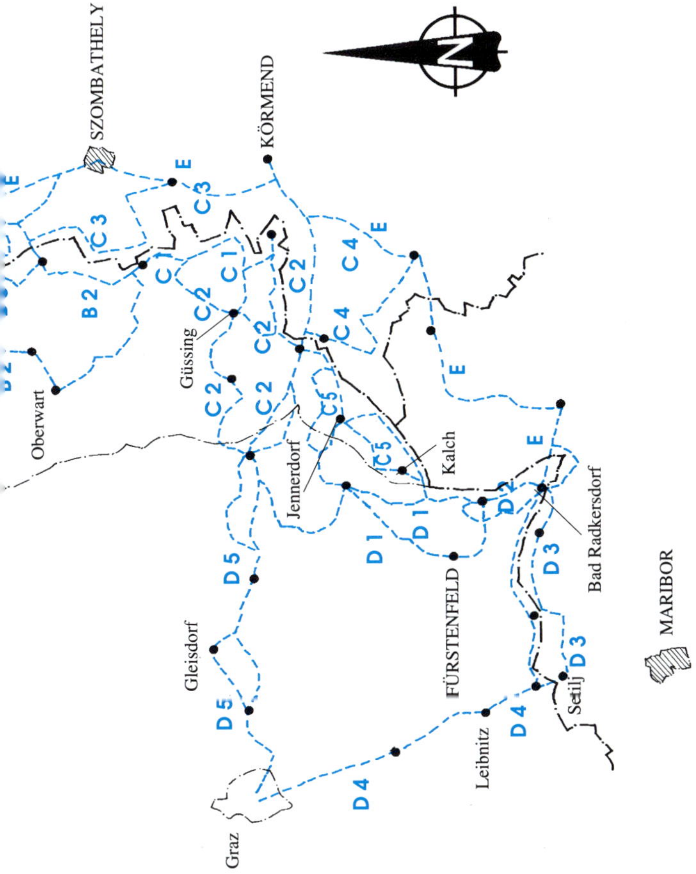

Land und Leute

Das Burgenland und Westungarn haben sich politisch, kulturell und wirtschaftlich erst im 20. Jahrhundert getrennt entwickelt. Das Gebiet hatte fast ein Jahrtausend unter dem Namen „Deutschwestungarn“ zum Königreich Ungarn gehört. Die alte österreichisch-ungarische Grenze verlief entlang der Flüsse Leitha und Lafnitz, die auch heute noch die Grenzen zwischen Burgenland und Niederösterreich bzw. der Steiermark bilden. Die Ereignisse in diesem Gebiet nach dem Ersten Weltkrieg sind leider ein Musterbeispiel für die Situation, wie sie nach dem Zerfall von Vielvölkerstaaten zu herrschen pflegt, und hätten für die jüngste europäische Geschichte sehr lehrreich sein können.

Burgenland

„Den Radhelm können Sie im Burgenland zu Hause lassen, denn an seiner Statt ist die Wollhaube vorgeschrieben. Wieso das? Der TÜV in Eisenstadt hat bei großangelegten Versuchen festgestellt, daß Wollhauben den wertvollen Hohlraum besser schützen: Man hat Fallversuche vom Turm der Burg Forchtenstein durchgeführt – die Helme sind zerbrochen, die Hauben blieben unbeschädigt.“
Wie witzig! Ha, ha, ha! Das war einer der „Burgenländerwitze“, von denen die Mehrzahl nicht in derart harmlosen Varianten existiert. Als schlaue Köpfe unter unseren deutschen Nachbarn die „Ostfriesenwitze“ erfanden, verlagerten nicht weniger geniale Witzbolde das österreichische Pendant ins Burgenland. Warum, ist mir nicht klar, und jeder, der das Land und seine entlegenen Winkel mit diesem Radführer erforscht, wird sich die Frage sehr bald selber stellen, aber nicht beantworten können. Vielleicht ist unseren Landsleuten die Geschichte der östlichsten österreichischen Region auch nur zu wenig bekannt.
Das heutige Burgenland existiert noch nicht lange, es ist das Ergebnis des Ersten Weltkrieges und der Friedensverhandlungen von St. Germain. Zur damals selbst ganz jungen Republik Österreich kam das neue Bundesland definitiv erst Ende 1921, als es nach dreijährigen Verhandlungen und Bemühungen der Siegermächte in der Friedenskonferenz sowie nach Grenzänderungen und Landabtausch von Ungarn übergeben wurde.

Der nach dem verlorenen Krieg kräftig beschnittene Alpenstaat wollte eigentlich größere Gebiete der ehemaligen k.u.k. Domänen behalten. Schon 1918 forderte das neu geschaffene Deutsch-österreich neben Südtirol, Südkärnten, Sudetenland und halb Mähren auch „... die geschlossenen deutschen Siedlungsgebiete der Komitate Preßburg (Bratislava), Wieselburg (Mosonmagyaróvár), Ödenburg (Sopron) und Eisenburg (Vasvár), die geographisch, wirtschaftlich und national zu Deutschösterreich gehören ..." zu seinen Ländereien. So einfach ging die Aufteilung freilich nicht, schon gar nicht für einen Verliererstaat. In St. Germain war die Burgenlandfrage auch nur eine unter vielen und größeren. So richtig ausgekannt scheint sich in dem Pariser Vorort vorerst niemand zu haben, und erst nach einer von den USA angeregten Fact-Finding-Mission entschied man: Österreich erhielt den Großteil Deutschwestungarns ohne die östlichen Gebiete und ohne Güns (Köszeg) und St. Gotthard (Szentgotthárd) zugesprochen, die Tschechoslowakei erhielt das Komitat Preßburg sowie ein kleines Gebiet südlich der Donau, auf dem sich heute die zerfallenden Bettenburgen von Petržalká (Engerau) ausdehnen. Ruhe kehrte mit diesem Entscheid jedoch nicht ein. Im Gegenteil. Niemand konnte die neue Situation richtig einschätzen. Würde das kleine Österreich überleben können? War Ungarn der sicherere, der bessere Staat? Drohte in Österreich oder in Ungarn eine kommunistische Machtübernahme, wie die jeweils andere Seite behauptete? Die Propaganda lief auf beiden Seiten, die Gebietsübergabe verzögerte sich. Die österreichischen Behörden bildeten „Bereitschaftsformationen" für eine eventuelle gewaltsame Besetzung des Burgenlandes (darunter auch ein Radfahrerbataillon), Freischärlergruppen und Volkswehrverbände entstanden, es kam zu Grenzübergriffen. Im August 1921 begannen österreichische Gendarmen mit der Übernahme des Burgenlandes, Scharmützel und regelrechte Gefechte waren die Folge. In Oberwart wurde der ungarische Staat „Lajta Banság" ausgerufen, in Mattersburg proklamierte man das „Heanznland": Das Burgenland war zu einem europäischen Krisenherd geworden. Um die kriegsähnlichen Zustände zu beenden, entschloß man sich im Oktober 1921 zu einer weiteren Konferenz, diesmal in Venedig. Ungarn stimmte dabei der Räumung des Burgenlandes zu, über den Bereich Sopron sollte abgestimmt werden. Das Ergebnis dieser Volksabstimmung vom Dezember 1921 unter inter-alliierter Truppenkontrolle ist bekannt: Sopron und die umliegenden Gemeinden blieben bei Ungarn.

Die Grenzen waren damit aber noch immer nicht endgültig. In kleinen Bereichen gestatteten die Friedensverträge von Trianon Grenzänderungen durch eine Grenzbestimmungskommission, und somit war wieder vieles ungeklärt. Besonders Besitzfragen und sogar der

Abtausch ganzer Ortschaften ließen das Burgenland in seinen heutigen Grenzen erst im August 1924 entstehen.
Das neue Bundesland hatte seine kulturellen, wirtschaftlichen und organisatorischen Bezugspunkte verloren. Die großen und wichtigen Handelsstädte und Absatzmärkte wie Wieselburg, Ödenburg, Güns, Körmend und Steinamanger gehörten nun ebenso zu Ungarn wie die großen Anbauflächen und Gutsverwaltungen. Schon eine neue Landeshauptstadt zu finden, war nicht leicht. Eisenstadt war nicht gleich die erste Wahl, auch Oberwart und Mattersburg, das damals noch Mattersdorf hieß, waren im Gespräch.
Das neue Bundesland mit 150 km Länge, aber nur 50 km größter Breite und knapp 4000 km^2 (einem Fünftel der Fläche Niederösterreichs und 4,7% von Österreich) als vorerst reines Agrarland hat eine bewundernswerte Entwicklung hinter sich. „Ein Burgenländer baut ein Haus allein." Dieser Satz definiert das sprichwörtliche Geschick der Bevölkerung recht gut, und eine zielbewußte und kluge Landespolitik wußte nicht nur dieses zu nutzen, sondern auch die landschaftlichen Schönheiten des Landes.
Inzwischen haben schlaue Lokalpolitiker entdeckt, daß man im Burgenland auch bestens radfahren kann und herrliche Radwege ausgesteckt. Abgesehen davon, daß sie durch die schönsten Gegenden führen und selbst entlegene Gebiete anschneiden, lassen sie kein Gasthaus und keine Buschenschank aus. Gut so! Durst und Hunger bilden sich beim Radeln leicht, und ich habe schon so manche önologische (weinkundliche) Entdeckung während einer Radtour gemacht.

Westungarn

„Werden die mich mit dem Radl überhaupt reinlassen?" waren meine Bedenken, als ich mich 1986 das erste Mal mit dem Velo der ungarischen Grenze näherte. Es war schon damals kein Problem und ist es heute erst recht nicht. Die massiven mikadoartig bemalten Grenzbalken sind zwar noch vorhanden, aber immer geöffnet. Das symbolisiert die politische Haltung Ungarns nachdrücklich: Offen nach Westen (etwas mehr) und nach Osten (in letzter Zeit etwas weniger), aber doch etwas reserviert und abwartend und einen eigenen Weg im europäischen Mischmasch suchend. Dieser Weg ist allerdings nicht nur für die Ungarn dunkel und geschlungen, da tun sich auch potentere Staaten schwer. Schwer tut sich auch die Wirtschaft. Das Land ist das mit der höchsten Auslandsverschuldung per capita in Europa. Der zumindest in den Grenzregionen bemerkbare Wohlstand ist großteils gepumpt. Die Ungarn haben gegen aufkommende Schwermut aus diesen wirtschaftlichen oder auch anderen Gründen

jedoch einen wunderbaren Abwehrmechanismus entwickelt: den Mulatschag. Schon allein dieser ausgelassenen Feste wegen lohnt sich eine Radreise dorthin.
Gründe für Schwermutsanfälle hatten die Ungarn wahrlich genug. Auch für dieses Land brachte das Ende des Ersten Weltkrieges enorme Gebietsverluste. 27 Millionen Einwohner zählte man bis 1918, nach den Verträgen von Trianon verringerte sich die Bevölkerung auf 7,5 Millionen, und das Staatsgebiet reduzierte sich auf ein Drittel: die Slowakei, Siebenbürgen, das Banat, die Bàcska, Teile Kroatiens und Slawoniens sowie von Bosnien und der Herzegowina und auch das Burgenland waren weg. Und als Knüller entstand ein Räteregime, danach das kommunistische, das das Land auch nicht gerade aufblühen ließ. Vom ehemaligen Deutschwestungarn waren allerdings die bedeutenden Städte Mosonmagyaróvár, Sopron, Köszeg, Szombathely, Körmend und Szentgotthárd verblieben, ebenso die großen agrarischen Anbauflächen. Darunter litt wiederum das Burgenland, die gewohnten Absatzmärkte fehlten sichtlich.
Radelt man heute durch diese Städte Westungarns, merkt man sofort, daß hier die kulturellen Zentren lagen, vom Reichtum, der Bildung und der Bedeutung der ehemaligen Komitatsstädte ist noch einiges zu spüren. Es ist gewiß kein Zufall, daß sich diese urbanen Agglomerationen entlang der alten römischen und der Bernsteinstraße von Aquileia an die Ostsee gebildet hatten. Die Gegend an den Ausläufern der Ostalpen lädt offensichtlich zum Bleiben ein. Sie radeln durch altes Kulturland, auf historischem Boden, der sich nicht nur in Sopron und Szombathely mit den Resten der Bernsteinstraße an die Oberfläche drängt.

Südoststeiermark

Auch die heutige Südoststeiermark war ewig Grenzland und wurde immer wieder von Slawen, Ungarn, Türken und anderen landnehmenden Horden bedrängt und verwüstet. Wer dennoch blieb, war es gewohnt, seine Scholle eisern zu verteidigen; vielleicht hält sich deshalb die Mär von den Steirern als einem streitbaren Volk so beharrlich. Dabei ist ein harmonischeres Land als die Oststeiermark kaum vorstellbar: Es ist der Archetyp der „das Gemüt beruhigenden Gegend“ mit ausgeprägten, aber nicht zu extremen Hügeln, vulkanischen Kegeln, die herrliche Rundblicke gewähren, mit Burgen, geschmackvollen Weilern, einer zünftigen Küche und Weinen, die europäische Vergleiche nicht zu scheuen brauchen. Die Gegend ist noch nicht überlaufen, und jene, die sich dennoch hier mit Zweitwohnsitzen niederlassen, tun das mit einem architektonischem

Einfühlungsvermögen, das man anderen, westlicheren Bundesländern sehr empfehlen möchte. Sie passen gut ins Gelände, die neuen Domizile, fallen nicht auf, obwohl sie natürlich bevorzugt auf den Punkten mit den schönsten Ausblicken entstehen. Von diesen Punkten gibt es mehrere, das Land ist von in Nord-Süd-Richtung verlaufenden Tälern durchzogen, und von den begleitenden Höhenrücken sieht man die ganze Welt. Das hatte man schon früher für die Verteidigung gegen Türken und Kuruzzen geschätzt, und so finden sich zahlreiche Wehrdörfer, Burgen oder Ruinen unübersehbar vom Norden bis in den Süden der Oststeiermark.
Das Klima ist milder als im österreichischen Durchschnitt. Das hilft nicht nur den Radlern, sondern prägt auch die Landwirtschaft: Wein, der das legendäre Kernöl produzierende Kürbis und sogar Tabak werden kultiviert. Und Obst natürlich, der steirische Apfel ist ein Symbol geworden. Reich im ökonomischen Sinn ist die Gegend dennoch nicht, zu wenig effizient ist die Produktion der meist kleinen Betriebe und hebt BIP und BNP der Alpenrepublik nicht sehr. Reichtum dürfen Sie jedoch im ökologischen Sinn erwarten, wenn Sie die Höhenrücken abradeln.

Slowenien

Zwei der beschriebenen Routen führen kurz durch die nordöstlichsten Gebiete Sloweniens. Die junge Republik ist eng mit der Steiermark verbandelt, gehörte sie doch lange Zeit als „Krain“ und Teil der Steiermark zur Habsburgermonarchie, und Erzherzog Johann, der erste große Steiermark-Fan, ließ nahe Marburg, an den Hängen des Bacher-Gebirges, einen Muster-Weingarten anlegen. Der edle Traubensaft wird noch immer extrahiert, die übrige Produktion Sloweniens jedoch erlitt durch die Trennung vom ehemals gemeinsamen jugoslawischen Markt Rückgänge um geschätzte 30 Prozent. Der Zusammenbruch des alten Staates, zu dem sich die Slowenen nie besonders hingezogen fühlten, brachte quasi über Nacht eine neue Situation und auch den ersten Krieg in Mitteleuropa nach 1945. „500 DM Gehalt bei gleichen Preisen wie in Österreich, wie soll das gutgehen?“ Diese Frage eines Einheimischen, mit dem ich bei einer Bierpause ins Plaudern kam, überforderte mich eindeutig. Ich war aber nicht als Wirtschaftsprofessor unterwegs, sondern als Radler, und auch für diese Gruppe ist das Land noch zu entdekken. Entdecken im echten Sinn des Wortes, am besten auf dem ATB, denn Schotter ist noch auf vielen Straßen der Untergrund für den Pneu. Die beschriebenen Routen sind jedoch durchasphaltiert und runden den Eindruck vom südostösterreichischen Grenzbereich ab.

A Nordburgenland und Sopron

A 1 Anreise über die Parndorfer Platte

Verkehrsfrei von Wien über den „Donauradweg" und den Anschluß zum Neusiedler See

„Steckbrief"

Gesamtlänge Verbindung von Bad Deutsch Altenburg zum Neusiedler See ca. 32 km, von Wien nach Bad Deutsch Altenburg zusätzlich ca. 45 km. Durchgehend markierte Radroute, nicht für Rennräder geeignet. Unschwierig
Routenführung Wien-Donauinsel – Orth an der Donau – Eckartsau – Bad Deutsch Altenburg – Schönabrunn – (Rohrau) – Deutsch Haslau – Potzneusiedl – Neudorf bei Parndorf – Weiden am See: Teilung in Route Ost- und Westufer des Neusiedler Sees
Kartenmaterial Optimal: Österreichische Karte 1:50.000 Blatt 59 Wien, Blatt 60 Bruck/Leitha, Blatt 61 Hainburg, Blatt 77 Eisenstadt, Blatt 78 Rust, Blatt 79 Neusiedl am See, Blatt 108 Deutschkreuz, Blatt 109 Pamhagen. Oder: Generalkarte Österreich 1:200.000 Blatt 2

Der „Donauradweg" von Donaueschingen über Passau nach Wien ist seit Jahren die beliebteste und meistbefahrenste Überlandroute Europas. Gleich danach in der Reihenfolge folgt der Radweg „Rund um den Neusiedler See", der seit 1991 auch durch ungarisches Gebiet und seitdem wirklich rundherum führt. Naheliegend war daher, die beiden Klassiker zu verbinden, zumal seit 1991 der „Anschluß Neusiedler See" von Bad Deutsch Altenburg an der Donau nach Weiden am Neusiedler See besteht.
Damit ist die in diesem Buch beschriebene Region von Donaueschingen im Schwarzwald bis derzeit Kalch im südlichsten Zipfel des Burgenlandes auf einer durchgehend markierten Radroute zu befahren. Eine internationale Verbindung.

Die Route

Über die Strecke von *Wien* nach *Bad Deutsch Altenburg* gibt es mehrfach Literatur, auch von mir (Anm. des Autors), so daß sie nur kurz beschrieben wird. Die Gemeinde Wien nützte den Ausbau des

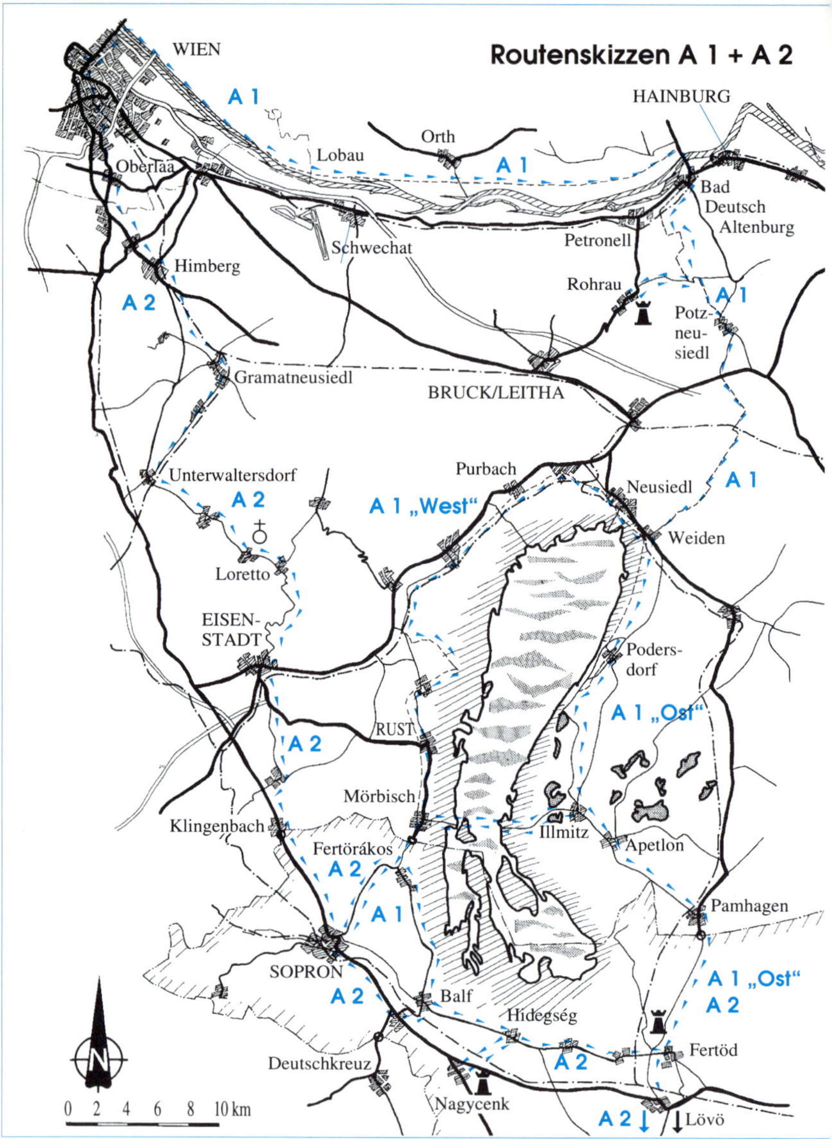

Hochwasserschutzes der Donau geschickt durch eine neu angelegte „Donauinsel“, die nicht nur Liegeplatz für 200.000 Wiener an sonnigen Feiertagen geworden ist, sondern mit mehreren Radwegen auch die problemlose Ausfahrt aus der Großstadt gestattet. Schon vom Zentrum, der Ringstraße, weg wählen Sie die Radwegemarkierung „Donauinsel“, queren die Donau zur UNO-City (km 0) und halten sich auf der Insel oder dem landseitigen Begleitdamm stromab Richtung „Hainburg“. Verfahrer sind praktisch ausgeschlossen. Entlang der Lobau, einem urwaldähnlichen Teil ehemaliger Donauauen (in den Sie sich nur mit einem Kompaß wagen sollten), verläuft der Radweg mehrere Kilometer an einem Hochwasserschutzdamm. Erst allmählich verschwindet der Auwald, wird der Blick ins Land frei. Vermutlich sind Dutzende Ausflugsradler unterwegs, die meisten von ihnen werden *Orth an der Donau* (km 27) oder das direkt am Strom gelegene Uferhaus und die beiderorts servierten, bis Wien bekannten Karpfen als Ziel haben. Probieren Sie selbst eines der leckeren Schuppentiere, sie kommen in verschiedenen Variationen auf den Teller, aber nicht mehr aus der Donau, sondern aus böhmischen oder Waldviertler Teichen.

Auf dem Damm führt der Radweg weiter und vorbei an Eckartsau bis zu einer markanten Brücke auf Betonstützen (km 42). Wieder ist die Richtung „Hainburg" und somit über die Brücke die richtige Entscheidung. Rechtsufrig liegt *Bad Deutsch Altenburg* mit dem Beginn des Verbindungsweges zum Neusiedler See. Mit „Willkommen im Rheuma-Römer-Heilbad" lockt der Ort, und vorbei an diesem Schwefelbad (km 45) und den für einen Kurort unvermeidlichen Gast- und Kaffeehäusern folgen Sie den grünen Markierungstafeln mit „Donau-Radwanderweg Richtung Neusiedler See". Den Rheuma-Römer-Heilort verlassen Sie am westlichen Ortsende Richtung „Feuerwehr" und „Gemeindearzt". Zick-zack und dann parallel zur Schnellstraße radeln Sie nun auf geschichtsträchtigem Boden: Die Region zählt zu den bedeutendsten römischen Fund- und Ausgrabungsstätten Europas. Zu sehen gäbe es genug, und gar nicht weit vom Radweg entfernt. *Carnuntum*, die beiden Amphitheater und das Heidentor sind zumindest aus dem Geschichtsunterricht erinnerlich. Und auf letzteres, das Heidentor, fahren Sie geradewegs zu. Es liegt genau hinter dem für ganz Ostösterreich typischen, aber deshalb nicht schöneren Zinken des Getreidesilos von Petronell. Zum Heidentor folgen Sie also dem Weg neben der Bahn geradeaus, zum Neusiedler See biegen Sie rechtwinkelig auf Schotter nach links ab (km 49) gemäß der Markierung.

Bei gutem Wetter bietet sich nun eine fabelhafte Sicht: rechts die Hügel des Wienerwaldes mit Anninger und Kahlenberg, links der *Spitzerberg* mit dem Segelflugplatz am Hang und der *Hundsheimer Kogel*, in den sich ein Steinbruch immer weiter hineinfrißt und dem bereits eine römische Ausgrabungsstätte zum Opfer gefallen ist.

Dahinter sind die Weißen Karpaten zu sehen, und bei ganz klarer Sicht voraus sogar der Schneeberg.

Ein bißchen verwirrend geführt, kurz entlang der uralten Römerstraße, aber immer gut markiert, ist *Schönabrunn* (km 54,5) der nächste Ort, der schon lange vorher an dem stumpfen, niederen Kirchturm zu erkennen ist. Damit die Kultur nicht zu kurz kommt, bietet sich von Schönabrunn aus ein interessanter Ausflug in den nur 5 km westlich gelegenen Geburtsort Josef Haydns an.

- Direkt an der Dorfstraße von *Rohrau* liegt das Geburtshaus des großen Tonkünstlers. Er verließ das kleine geduckte strohgedeckte Haus freilich schon im Alter von sechs Jahren (allerdings bloß ins nahe Hainburg zu Verwandten). Das Haus sah damals freilich anders aus, bestand nur aus der Küche, dem Wohn- und dem Geburtszimmer. Die neueren Zubauten lassen die Anlage aber typisch ungarisch-burgenländisch erscheinen, und die getrockneten Kukuruzkolben im Hof verstärken diesen Eindruck schon fast ins Kitschige. Dezente Musik hebt das wieder auf, auch wenn natürlich hauptsächlich Haydns Standards zu hören sind. Daß das Genie über die engere Heimat hinaus wohlgelitten war, veranschaulichen die Grafiken aus London, wo er mehrere Jahre tätig war, und aus Wien, wo er seinen späteren Wohnsitz aufgeschlagen hatte. Besonders fruchtbringend war sein Aufenthalt in Fertöd beim Grafen Esterházy, dem er als Haus- und Hofkomponist diente (siehe A 2). Nicht nur über die Freimaurer-Loge „Zur wahren Eintracht" waren Haydn und Mozart verbunden, sie schätzten einander auch persönlich sehr. Öffnungszeiten des Museums: 10–17 Uhr.

Zurück in *Schönabrunn* (km 54,5), folgt der beschilderte Radweg zum See der Nebenstraße Richtung Deutsch Haslau. Etwas hügeliger und abwechslungsreicher wird die Landschaft, vorbei geht's an Weinfeldern und entlang einer Geländekante über den Auen der Leitha, in denen sich, offensichtlich wenig gestört, eine rege Greifvogelpopulation entwickelt hat. Vermutlich sehen Sie einen der riesigen Flatterer.
Zwischen *Deutsch Haslau* und *Potzneusiedl* (km 59,5) bildet die Leitha die Grenze zwischen Niederösterreich und dem Burgenland, worauf beide Bundesländer mit riesigen Willkommensplakaten am Straßenrand hinweisen. In *Potzneusiedl* locken ein Ikonen-Museum und ein Zsolnay-Museum, beide in einem grob restaurierten Schloß. Der Radweg zum Neusiedler See heißt im Burgenland B 21 und ist wie in Niederösterreich mit grünen Tafeln markiert, deren winzige, erst auf zwei Meter zu erkennende Richtungspfeile die brillentragenden Radler zur Weißglut bringen.
Neudorf bei Parndorf (km 63) ist das nächste Ziel, wieder auf Asphalt und über freies Feld zu erreichen. Neudorf liegt an der stark befahrenen Straße Richtung Ungarn, die Radwegekreuzung ist aber entschärft. Beim ehemaligen Bahnhof werden Gleise gekreuzt, die STOP-Tafel gilt heute jedoch mehr den freilaufenden Hühnern des Anwesens daneben. Vielleicht wird diese Bahntrasse wieder bedeu-

tend; die Strecke ist als neue Verbindung nach Preßburg im Gespräch.
Noch 17 km auf dem Radweg B 21 bis Neusiedl am See sind ausgepriesen. Der Güterweg „Neudorf-Mekote“ über die Parndorfer Heide läßt erahnen, wie es in der Pußta aussehen mag: flach, intensivste landwirtschaftliche Nutzung mit den dazupassenden Düften, hin und wieder Strohtristen, Buschgruppen und ein Leitungsmast. Von wo aus wird das alles bewirtschaftet? Heute von den Dörfern, früher, als die Region noch zu Ungarn gehörte, von den herrschaftlichen *Guts- und Meierhöfen* aus. Das waren weit abgelegene Höfe mit bis zu 300 Bewohnern, inmitten ihrer Felder. Fast alle Höfe hatten eigene Friedhöfe, die größeren sogar ungarischsprachige Volksschulen, nachdem die Lohnknechte fast ausschließlich Ungarn waren. Als sozial deklassierte Schicht, mit so gut wie keinen Kontakten zu den umliegenden Dörfern, von den Gutsherren eher mickrig bezahlt, ohne TV und Radio, (noch nicht ans Radwegenetz angeschlossen), lebten bis zu Zehntausend dieser Landarbeiter im heutigen Nordost-Burgenland. Durch die zunehmende Mechanisierung verschwanden viele Höfe, und mit ihnen die Belegschaft. Nicht alle, ja einer der Höfe entstand in letzter Zeit sogar neu: der Hof des Otto Mühl. In der als Kommune geführten Anlage wurde die Tradition der Abschottung nach außen perfektioniert, auch die spirituelle Ausrichtung auf den Gutsherrn, in diesem Fall auf den Oberkommunarden. Zuletzt erinnerte das Ganze schon sehr an eine Korrekturanstalt, an ein Gefängnis, in das Otto Mühl schließlich übersiedeln mußte: Seit 1992 sitzt er nach einem vielbeachteten Prozeß und mehreren nachgewiesenen Perversitäten in Eisenstadt im Knast. Aus für das Projekt. (Diese Anlage liegt übrigens nur 2 km östlich des Radweges in Höhe der beiden Hochspannungsleitungs-Kreuzungen bei km 71,5.)
Nach dem Eisenbahnerberg (km 67,5) der Linie Wien–Budapest taucht einer der verfallenen typischen Gutshöfe, der *Siebenjochhof*, auf. Heute ist er Nist- und Rückzugsplatz für Fasane und Rebhühner. Dies ist genau die Gegend, in der die Jägerschaft in herbstlichen Treibjagden das Wild erlegt, um dessen Hege und Pflege andere Gruppen auf der Parndorfer Platte das ganze Jahr aufopfernd bemüht sind. (Die Bauern sind's nicht, ihnen kommen die Wildschäden eher störend an.)
Ab dem verfallenen Hof beginnt ein uriger Abschnitt des Weges zum See. Es ist ein ausgefahrener Karrenweg in einer Busch- und Eichenallee auf fast 4 km. Was an Wegqualität fehlt, macht die Sektion durch den kuriosen Bewuchs dieses Windschutzstreifens wett. Nach der Autobahnbaustelle kommt der rauhe Asphalt trotzdem nicht ungelegen, und wenn Sie durch Weinfelder bzw. „geförderte

Weingartenstillegungen" (eigentlich geförderte Brachflächen) rollen, ist das Ziel bald erreicht. Ein Faßboden als Ortsschild von Weiden am See (km 78,5) und Hinweise auf einen Weinwanderweg stimmen ein. Von der Geländekante über dem Ort ist hinter dem Getreidesilo der Steppensee auch schon zu sehen, und einer der Weinkeller entlang der Ortseinfahrt wird sicher offen haben.

Weiden liegt direkt am Radweg B 10 „Rund um den Neusiedler See", über den auch schon genug Literatur existiert. Wie Sie weiter ins Mittelburgenland und nach Westungarn kommen, sei nur sehr kurz beschrieben. Verfahren werden Sie sich auf der mit B 10 bestens markierten Strecke kaum. Im Zweifelsfall folgen Sie der radelnden Mehrheit.

Rund um den Neusiedler See: eine europäische Standard-Radtour

- Über die völlig flache *Ostseite des Sees* rollen Sie, wenn Sie in Weiden (km 0) nach links Richtung „Podersdorf 8 km" abbiegen. Auf Schotter und am Schilfgürtel entlang gelangen Sie in den Ort mit dem riesigen Camping- und Startplatz für den jährlichen Neusiedler See-Radmarathon. An einer beliebten Einkehrstation und am „oberen Stinkersee" vorbei, dann durch Steppenweiden und endlose Weinfelder radelnd, sollte bei ca. km 20 *Illmitz* auftauchen. Kein Naturwunder läßt der Radweg aus, der nun eine Lacke nach der anderen umschlingt, ehe er ziemlich umwegig *Apetlon* (km 30) erreicht. Falls Sie an Fauna und Flora wenig Begeisterung finden, können Sie die Schlingen auch abschneiden, indem Sie auf der Straße direkt von Illmitz nach Apetlon radeln, das spart 7 km. Von Apetlon geht's ohnehin auf dieser Straße weiter, und nach 8 km sind Sie im Grenzort

Pamhagen (km 38), von wo die Routen nach Fertöd und Sopron weiterführen (in A 2 beschrieben).

- Über die leicht hügelige *Westseite des Sees* radeln Sie, wenn Sie in Weiden nach rechts Richtung „Neusiedl 3 km" abbiegen. Sowohl Weiden (km 0) als auch das gleich anschließende *Neusiedl* haben sich zu beliebten Ferien- und Zweitwohnsitz-Orten entwickelt. Die Neubauten, an denen Sie in schier endloser Reihe vorbeikommen, sind großteils in den achtziger Jahren entstanden. Der Radweg führt teils durch Schilfgürtel und Weinfelder, teils am Hang des Leithagebirges, das den Neusiedler See nach Westen hin abschirmt und so für das deutlich wärmere Klima dieser Region verantwortlich ist. *Breitenbrunn* (km 11), *Purbach* (km 17) und *Donnerskirchen* (km 21) locken den Radler mit Weinakademien, Wein- und Kirschblütenwegen in die Weinberge und vorbei an Kellergassen sowie Gasthäusern mit weiten Ausblicken über den See. Vor *Oggau* (km 31) verästelt sich der Weg etwas im Vorfeld des Sees, und in *Rust* (km 35) werden Sie an schönen Sommer-Sonntagen nicht einmal einen Parkplatz fürs Rad finden. Durch die Weinfelder über der Stadt folgt jetzt der Radweg hauptsächlich asphaltierten Güterwegen. In *Mörbisch* (km 40) stehen Sie dann vor der Wahl: weiter zum Grenzübergang (noch 1 km) und nach Fertörákos und Sopron (siehe A 2) oder mit dem Schiff ans Ostufer des Sees, nach Illmitz, zur innerösterreichischen See-Umrundung.

A 2 Eisenstadt, Sopron und Fertöd

Von Wien durch das Wiener Becken nach Ungarn

„Steckbrief"

Gesamtlänge ca. 112 km. Leicht hügelige Tour mit einem kurzen Anstieg vor Eisenstadt. Durchgehend asphaltiert, sehr gut für Rennräder geeignet (siehe auch E)
Routenführung Wien-Favoriten – Himberg – Gramatneusiedl – Unterwaltersdorf – Loretto – Eisenstadt – Sopron – Fertörákos – Balf – Fertöd (– Lövö – Köszeg)
Kartenmaterial Optimal: Österreichische Karte 1:50.000 Blatt 59 Wien, Blatt 77 Eisenstadt, Blatt 107 Mattersburg, Blatt 108 Deutschkreuz, Blatt 109 Pamhagen. Oder: Generalkarte Österreich 1:200.000 Blatt 2

Warum noch eine Anreiseroute von Wien aus? Weil es 1,6 Millionen dieser Großstädter gibt, immer mehr von ihnen ein Rad besitzen und erkennen, daß man damit nicht nur um den Ring kurven kann. Und weil das Burgenland in seiner Gesamtheit auf die Wiener eine starke Anziehungskraft ausübt.
Verkehrsfrei ist die Route freilich nicht, aber schnell. Wer auf beides keinen Wert legt, reist besser nach A 1 an.

Die Route (Routenkizze siehe Seite 16)

Natürlich ist der Stephansplatz der Ausgangspunkt (km 0). Rennradler unter Zeitdruck werden über die Laaerberg-Straße nach Oberlaa und Maria Lanzendorf gelangen. Allen anderen sei folgendes empfohlen: Über den Ring-Radweg und den nach Süden führenden, als „Z-" oder „Laxenburg"-Radweg bezeichneten Radlerstreifen erreichen Sie verblüffend einfach den „Verteilerkreis" in Favoriten (km 6). Auf dem Radweg geht es auch weiter: über die Verkehrsanlage drüber Richtung „Laxenburg" stoßen Sie nach einer Schotterpartie auf die Oberlaaer Straße, und kurz danach, beim Liesingbach, halten Sie sich links auf dem Radweg nach *Oberlaa* (km 8). Bei der Unterführung der Leopoldsdorfer Straße (km 10) bleiben Sie oben und radeln auf dieser nun genau nach Süden (rechts) zur Einmündung in die Himberger Straße bei Wien/Stierofen (km 11,5) und weiter durch Maria Lanzendorf nach *Himberg* (km 17,5).
Kurz nach Himberg ist die Straße nach Gramatneusiedl die richtige. Hier beginnt der Bereich der ehemaligen Textilfabriken, im 19. Jahrhundert nach englischen Vorbildern eingerichtet, die Wasserkraft der Bächlein Piesting, Fischa, Reisenbach und Leitha ausnutzend. Der Energiebedarf dürfte nicht sehr groß gewesen sein, Flüsse waren die heute eher traurigen Gerinnsel auch früher, vor der Regulierung, nie.
Gramatneusiedl (km 25) ist mit *Neu-Reisenberg* schon zusammengewachsen, und unmittelbar nach der Brücke über die Fischa folgt rechts ab die ruhige Strecke nach Mitterndorf und Unterwaltersdorf (km 34). Eine klassische Allee führt weiter nach *Deutsch-* und *Leithaprodersdorf*, letzteres schon im Burgenland. Nach der etwas unübersichtlichen Ortsdurchfahrt sind die Türme von *Loretto* (km 43), das nächste Ziel, in Sicht.

- Der Name des kleinen Wallfahrtsortes mit der imposanten Kirche leitet sich vom italienischen Loreto ab, gleicht dieser „Casa Santa" sogar angeblich, und wie dort gibt es auch hier eine „Schwarze Madonna", zu der gepilgert wird. 60.000 Kommunikanten jedes Jahr zählte man im 18. Jahrhundert, und der Grund für diesen Zuspruch war ein praktischer: Pilger, die in den sieben

Seitenaltären hier in Loretto Buße versprachen, erhielten die gleichen Ablässe wie jene, die in Rom die sieben Hauptkirchen besuchten. Nachdem Wochenendflüge nach Rom heute zur Mode geworden sind, verlor Loretto ein wenig von der einstigen Attraktivität. Nur eine Bevölkerungsgruppe hält dem Ort unverbrüchliche Treue: Am dritten Sonntag im September findet jedes Jahr die sogenannte „Kroaten-Wallfahrt“ statt.

Loretto liegt an den Hängen des Leithagebirges, jenes knapp 500 m hohen Hügelrückens, der die Gegend um den Neusiedler See so vortrefflich vor den Westwinden schützt. Über diese Klimabarriere führt der Weg nach Eisenstadt. Est der Stotzinger Berg, der mit zusätzlichen 160 Höhenmetern die einzige nennenswerte und leicht anspruchsvolle Steigung der gesamten Tour bringt. Die anschließende Waldabfahrt nach Eisenstadt ist eine klassische Roller-Etappe ohne auch nur eine Kurbeldrehung. Nicht zu schnell sollten Sie in den teilweise gepflasterten Kurven unterwegs sein.

Das Hadynhaus in Eisenstadt ist einen Besuch wert

- *Eisenstadt* (km 57) als Landeshauptstadt des Burgenlandes ist für den kunstsinnigen Radler ein Pflichtstop. Das Gespann Esterházy/Haydn hat diese Stadt so wie auch die ganze Region geprägt. Die beiden machten das frühere „Zabomortung“ und „Wenig Mertesdorf“ oder „Eysenstat“ zum heute weltbekannten Eisenstadt bzw. Kismartom (ungarisch). So aufdringlich wie die Salzburger ihren Mozart vermarkten die Eisenstädter ihren genauso bedeutenden Haydn allerdings nicht, obwohl der Handel hier Tradition hat. Die „Weinfuhr über die Leitha“ sorgte dafür,

daß man auch in Schlesien, Bayern und Böhmen wußte, daß in der Gegend guter Wein wächst, und eine starke jüdische Gemeinde achtete darauf, daß der Handel nicht verebbte.
Die Hauptsehenswürdigkeiten liegen entlang der Route durch die Stadt nach Sopron. Vom Stotzinger Berg kommend, rollen Sie nach Westen durch die Haydngasse und weichen der vorspringenden Franziskanerkirche aus. Vorbei geht's an netten Barock- und Rokoko-Fassaden, und bei Nr. 21 lassen sich im Haydnhaus die Räder im Hof gut abstellen (Ostern bis Ende Oktober).
Das sympathische kleine Haus mit heimeligen Proportionen und dem Museum für den großen Meister wurde von ihm zwölf Jahre bewohnt, vom 29. bis zum 41. Lebensjahr, bevor er seinem Brotgeber, dem Fürsten Esterházy, in das Schloß Esterháza bei Fertöd folgte, wo es sich zweifellos etwas großzügiger leben ließ. Aber noch heute ist in den kleinen Zimmern Großes zu finden: neben Portraits von Haydn im Kreise anderer Tondichter (Schubert, Gluck, Hummel, Beethoven und Mozart, alle auf den alten Grafiken keineswegs von extremer Schönheit geplagt) auch Autographen und Musikinstrumente aus seiner Zeit. Im Hammerflügel hat sich der Holzwurm schon kräftig durchgebissen. Gegenüber vom Haydnhaus lockt das Gasthaus „Zum Haydn-Haus" wieder mit einem Radlhof, Fogosch und dem Braten vom Esterházy zur Rast.
In nächster Nähe zeigt das Museum österreichischer Kultur hauptsächlich die aus dem Burgenland und stimmt gut für die Reise ein. Ein Stück weiter beweist das mächtige Schloß Esterházy, wie bedeutend dieses Geschlecht einst war. Seit 350 Jahren bewohnen sie es und ließen die Anlage mehrmals umbauen, wenn auch nicht immer ganz im rechten Winkel und nicht bis zur letzten Konsequenz: das Geld wurde knapp. „Haydn-Zimmer" und „Haydn-Saal" sind selbstverständlich, in letzterem werden vielbeachtete Konzerte aufgeführt. Während der Führung tönen die Symphonien zeitgemäß und akustisch bescheidener von der CD. Das großzügige Schloß läßt noch heute das prachtvolle kulturelle Leben besonders des Fürsten Nikolaus II. „Il Magnifico" erahnen.
Weniger prachtvoll ging es einige hundert Meter weiter westlich zu, im ehemaligen Jüdischen Getto. Dieses Areal, das später sogar eine eigene Gemeinde wurde, war auch Zufluchtsort der aus allen Gegenden Österreichs vertriebenen Juden, die hier unter Paul Esterházy im 17. Jahrhundert Ansiedlungserlaubnis erhielten. (Besonders Maria Theresia hatte dabei alles andere als eine Prachtrolle gespielt.) Ein Besuch des Jüdischen Museums und

des Jüdischen Friedhofs ist besonders und auch nach den Ereignissen der allerjüngsten Geschichte anzuraten.
Bevor die Tour nach Sopron weitergeht, noch einmal zu Haydn, zur Haydnkirche, ein Stück westlich, die als „Bergkirche“ und Wallfahrtskirche geplant war. Geplant von Paul Esterházy, der selbst 58mal in Mariazell gewesen sein soll. Eine Wallfahrt anderer Art hat sich freilich nach Eisenstadt eingestellt, nämlich die zu Haydns letzter Ruhestätte, die sich im angebauten Mausoleum befindet. Ruhe hatte Haydn leider nicht so bald, der Leichnam des in Wien Verstorbenen war vorerst ohne Schädel beigesetzt

Sopron: eine geschichtsträchtige Kulturmetropole Westungarns

worden. Die Besitzer des Kopfes wechselten mehrmals, bis endlich die Gesellschaft der Musikfreunde als letzte Kopfeignerin dieses makabre Spiel beendete und die kulturelle Reliquie 1954 herausrückte.

Sie verlassen nun Eisenstadt gegenüber vom Schloß Esterházy in Richtung Ungarn, Siegendorf und Klingenbach. Über die sanften Hügel der *„Eisenstädter Pforte“*, die aber nur auf Landkarten ab dem Maßstab 1:500.000 als Engstelle zu erkennen ist, und mit Blick auf die Berge der Rosalia und *Burg Forchtenstein* (bei günstigem Licht, dann aber mit Blick bis zum Wechsel und Schneeberg), ist Siegendorf (km 65) das nächste Ziel.
In *Siegendorf* wird überwiegend Kroatisch gesprochen, und der Ort ist ein Beispiel dafür, daß die „Eisenstädter Pforte“ ein historischer Durchlaß war. Marodierende Söldnerbanden, Räuberhorden, eigene und fremde Heere und auch die Türken zwängten sich hier auf dem

Weg nach Wien durch und hinterließen verbrannte Erde. Die Bevölkerung floh, die Grundherren suchten neue Siedler für die Wüstungen. Kroaten aus Dalmatien, die ihrerseits vor den Muslimen auf der Flucht durch halb Europa waren, ließen sich hier gerne nieder, war doch der Boden an der Wulka viel fruchtbarer als im dalmatinischen Karst.
Den meisten ist Siegendorf durch seine Zuckerfabrik bekannt, und durch diese verläuft auch die Straße nach Klingenbach und zur Grenze. Für *Klingenbach* gilt übrigens Gleiches wie für Siegendorf: Auch hier spricht man den alten čakavischen Dialekt.
Die riesigen Hinweistafeln, bei Stau den Motor abzustellen und sich rechts zu halten, deuten darauf hin, daß diese Grenze nach Ungarn zu den stark frequentierten zählt (km 70,5). Radler dürfen überholen, der Aufenthalt sollte nicht länger als wenige Minuten dauern. Nicht viel länger dauert die Fahrt nach Sopron, denn die nächsten acht Kilometer verlieren 60 Höhenmeter.

- *Sopron* (km 78,5) reizt, von der Ferne betrachtet, so wenig wie andere Industriestädte. Eher nüchtern ist der Kontrast zwischen den liebevoll gepflegten Kleinstgärten neben der Einfahrtsstraße und den Bauten der Vororte. Halten Sie sich deshalb nicht bei den Langos- und Textil-Buden auf, schlagen Sie sich gleich ins Zentrum durch. Die Überraschung dürfte groß sein: der Stadtkern beweist, wie wichtig die Stadt schon immer war.

  Mittelpunkt ist der Hauptplatz, Fö ter, der vom Stadtturm mit seiner markanten kupfernen Doppelhaube und der Galerie für die Feuerwache überragt wird. Sie können das Bauwerk erklimmen und genießen von diesem Wahrzeichen Soprons (der Turm ziert auch das Etikett einer Soproner Biermarke) einen Rundumblick bis zu den Ausläufern der Ostalpen. Den Hauptplatz säumen herrliche Patrizierhäuser; zumindest das Eckhaus mit dem Erker, das Stornohaus, sollten Sie besichtigen. Führungen gibt es zu jeder halben Stunde. Schon an der Kassa wird man mit „Guten Tag" begrüßt, die Erklärungen kommen auch bei den Führungen auf Deutsch. Eher Kunsthandwerk ist zu besichtigen, aber auch geschichtlich Interessantes und Groteskes, wie der Hinweis auf die „Öffentliche Probe mit der nach neuer Construction in der Fabrik des Friedrich Seltenhofer hergestellten Omnibus-Spritze – spritzt bis zum 1. Kranz des Feuerturmes (96 Wiener Fuß)", was auf die große industrielle Tradition Soprons ebenso hinweist wie auf die verheerenden Großfeuer der vergangenen Jahrhunderte.

  Aber vor allem der Einblick in die Lebensweise eines Soproner Großbürgers ist der Gewinn aus der Führung. Auch das Motto für

die Weiterfahrt ist in einer deutschen Inschrift zu finden: OHNE MUT GEHT NIT GUT.
Nicht so schnell weiter. Auch die Nachbarhäuser, das Generals- oder Lackner-Haus als ältestes (14. Jh.) und das Fabricius-Haus mit Erinnerungen an Franz Liszt und einer mittelalterlichen Möbel-Sammlung sowie einer archäologischen Sammlung lohnen den Besuch.
Vom Hauptplatz führen vier Straßen nach Süden, in jeder gibt es sehenswerte Häuser mit gepflegten Innenhöfen, einige beherbergen Museen und Ausstellungen. Machen Sie die Runde durch die Templom utca, vorbei am Palais Esterházy, zum Ursulinenkloster und zurück durch die Szent György utca mit dem Löffelholz-Haus und dem Palais Eggenberg! Eine Besonderheit ist die Alte Synagoge, ein sehr stimmungsvoller Bau. Wieder auf dem Hauptplatz, locken die Sitzgärten der Cafés und Gasthäuser, und wenn Sie dort verschnaufen, sitzen Sie der Marienkirche mit dem angebauten Kapitelsaal gegenüber. Ein würdiger Abschluß des kurzen Besuchs in Sopron!

Für die Weiterfahrt von Sopron nach Fertöd bieten sich zwei Wege an, die in Balf zusammenführen:

- *Direkt*

Die Straße Nr. 84/85 zum Balaton und nach Györ verläßt Sopron nach Südosten. Nach ca. 6 km auf dem recht breiten Pannenstreifen taucht die Abzweigung nach Deutschkreuz/Österreich auf, und unmittelbar danach, in *Kopháza*, biegen Sie mit entsprechender Vorsicht nach links Richtung *Balf* ab. Nach einer ganz kurzen Waldabfahrt stoßen Sie auf die Radroute entlang dem Südufer des Neusiedler Sees. Ein Wegweiser weist nach rechts, nach *Fertöd.*

- *Über Fertörákos*

Den ringförmigen Altstadtkern von Sopron verläßt nach Nordosten eine nach Fertörákos bezeichnete Straße. Leicht hügelig über Feld und Flur und vorbei an der eingezäunten Soproner Korrekturanstalt, öffnet sich bei der Abzweigung zum nur für Radler und Fußgänger und bloß saisonal gestatteten Grenzübergang nach Mörbisch schlagartig der Blick auf den Neusiedler See. Ein Stück weiter lockt eine unterirdische Absonderlichkeit: der *Römersteinbruch von Fertörákos* (km 86). Wieviele Sklaven hier wie lange gehämmert haben, ist der Phantasie der Besucher überlassen, ein wenig haben neuzeitliche Abbaumethoden nachgeholfen. Ein Teil der Wiener Ringstraßen-Pflasterung soll von hier stammen, lautet die Kunde, und der entstandene riesige Hohlraum wird heute für Konzertveranstaltungen optimal genutzt. Optimal liegt auch das kleine Buffet neben dem Eingang, ein beliebter Anlaufpunkt nicht nur für Steinforscher.

- *Fertörákos/Kroisbach* selbst ist ein netter Ort, der sich mit der nun offenen Grenze auf die Einkauswut und Freßsucht der Nachbarn einstellt. Der Grenzbereich zu Österreich besteht überhaupt nur mehr aus Kaffehäusern, Souvenirshops und Cola-Buden. Die Abzweigung zum *„Fertö-to“* führt zum „Sumpf-See“, wie der Neusiedler See hier heißt, der auch mit „Schilf-See“ passend bezeichnet wäre. Einen Kilometer führt die Straße durch Schilf zu einem Campingplatz am See, ausgerüstet mit Würstel- und Schnapsbuden, also die wichtigsten Anforderungen des modernen Tourismus abdeckend. Dieser Campingplatz war übrigens im Sommer 1989 das Hauptquartier ausreisewilliger Ostdeutscher, die hier wochenlang auf den günstigsten Moment zum Absprung nach Österreich gewartet hatten.

Die Strecke von Fertörákos entlang der Südseite des Sees ist Teil der Radroute „Rund um den Neusiedler See“ und bis Fertöd ausgeschildert. Es ist eine Nebenstraße, bis Balf leicht hügelig durch Wein- und Obstgärten, an einer Kante über dem See angelegt. Die Radler haben schon die Macht übernommen, Hunderte sind an schönen Wochenenden zwischen Mörbisch und Fertöd anzutreffen, die Region hat sich auf die neuen Klienten eingestellt.

- Der kleine Ort *Balf/Wolfs* (km 95) bietet ein Schwefelbad, und der heilbringende Sprudel wird sogar auf Flaschen gezogen (in geschlossenen Räumen nicht öffnen, der Duft verpestet alles!).

Von der landschaftlich weiterhin sehr schön und streckenweise durch alte Alleen geführten Straße verblüffen immer wieder die Blicke auf den See mit seinem riesigen Schilfgürtel. In *Hidegség* (km 102) lockt ein 3,5 km langer Abstecher nach *Nagycenk/Großzinkendorf* zum Schloß des Grafen Széchenyi. Der Komplex beherbergt ein Museum, das dem Leben und Schaffen des weltmännischen Grafen und Politikers István Széchenyi gewidmet ist, sowie ein recht vornehmes Hotel. Eine Veranda wurde zu einem stilvollen Café umgebaut, ein Gestüt im Seitentrakt bietet Kutschenfahrten an, und eine Museumsbahn fährt die kurze Strecke nach Fertöboz nur für Touristen.
Am hübsch restaurierten Bahnhof dieser Linie kommen Sie auf dem Rückweg nach Hidegség wieder vorbei. Wenn Sie durch einen baulich getrennten Radweg überrascht werden, ist es nicht mehr weit nach *Fertöd* und *Schloß Esterháza* (km 112 ohne Abstecher).

- Der um 1760 errichtete Bau erinnert durch Anlage und Farbe stark an Schönbrunn, allerdings an eine kleinere Ausgabe.

Klein-Versailles: Schloß Esterháza in Fertöd

Eigentlich orientierte sich Fürst Miklós Esterházy „der Prachtliebende“ an noch größerem, nämlich an Versailles. Die Zeitgenossen waren jedenfalls von Fertöd entzückt, auch Maria Theresia, die oft die Tagesreise in der Kutsche von Wien aus auf sich nahm, um es zu besuchen. Das kulturelle Leben im Schloß war in der Tat außergewöhnlich und in ganz Europa berühmt. Kein Wunder, als Hofkapellmeister wirkte Josef Haydn fast dreißig Jahre lang für die Esterházy, und hier in Fertöd, in der Abgeschiedenheit, umgeben von Sümpfen und Gönnern, verfaßte er einige seiner Meisterwerke. Das Innere des Schlosses ist nur mit Führung zu besichtigen. Es herrscht Schlapfenzwang, so daß die Besucher mit dem Filz an den Füßen dafür sorgen, daß die Holzböden immer frisch gebohnert wirken. Viel wurde im letzten Krieg zerstört, viel war schon vorher zerbröckelt, und durch teilweise fehlendes Mobiliar läßt sich leider kein überzeugender Eindruck vom Leben des prunkliebenden Fürsten gewinnen. Beeindruckend sind nach wie vor die Architektur und der Festsaal, der heute als Musiksaal dient.

Wie weiter?

Das können Sie im einfachen Wirtshaus in den ehemaligen Stallungen neben dem Schloß oder bei einer der Buden auf dem Parkplatz gegenüber beraten. Mehrere Möglichkeiten bieten sich an:

- Zum Grenzübergang Fertöd/Pamhagen (noch 8 km) und die Runde um den Neusiedler See beenden wie in A 1 angegeben

- Über Fertöszentmiklós und Lövö nach Köszeg (noch 42 km) wie in E angegeben
- Zurück nach Balf und in Kopháza über die Grenze nach Deutschkreuz (noch 22 km) zur Rotwein-Runde nach B 1
- Oder zurück nach Sopron zum Anschluß mit der Bergwerk-Runde nach A 4

A 3 Rosalia, Forchtenstein und Marzer Kogel

Von Wiener Neustadt nach Mattersburg und rund um den Marzer Kogel

„Steckbrief"

Gesamtlänge ca. 76 km. Hügelig, nicht ganz leicht, für Rennräder nur bedingt geeignet. Fast durchgehend auf markierten Radrouten
Routenführung Wiener Neustadt – Sauerbrunn – Wiesen – Forchtenstein – Mattersburg – Marz – Schattendorf – Pöttelsdorf – Mattersburg – Wiesen – Sauerbrunn – Wiener Neustadt
Kartenmaterial Optimal: Österreichische Karte 1:50.000, Blatt 76 Wiener Neustadt, Blatt 77 Eisenstadt, Blatt 107 Mattersburg. Oder: Generalkarte Österreich 1:200.000 Blatt 2

Dies ist die klassische Sonntagstour. Für die ganze Familie aber nur dann, wenn die Kleinen nicht zu klein sind. Einige saftige Anstiege sind zu bewältigen: über den Marzer Kogel und zur Burg Forchtenstein. Die Route folgt dem „Rosalienradweg" B 32 und dem „Koglweg" B 30 rund um den Marzer Kogl.

Die Route

Der Hauptplatz von *Wiener Neustadt* (km 0) ist Ausgangspunkt der Tour. Die Ausfahrt aus der Stadt ist verblüffend einfach: zunächst Richtung Neudörfl und Sauerbrunn, dann taucht nach wenigen hundert Metern, etwa bei der Querung des Wiener Neustädter Kanals, ein Radweg auf. Er ist bereits mit B 32 bezeichnet und führt mal links, mal rechts der Straße, aber immer baulich getrennt nach *Neudörfl* (km 4), einem Heurigen-Zentrum.
Wesentlich beruhigter ist die Folgestrecke im lichten Wald, entlang der Schnellstraße bis *Bad Sauerbrunn* (km 7). Vom ehemaligen

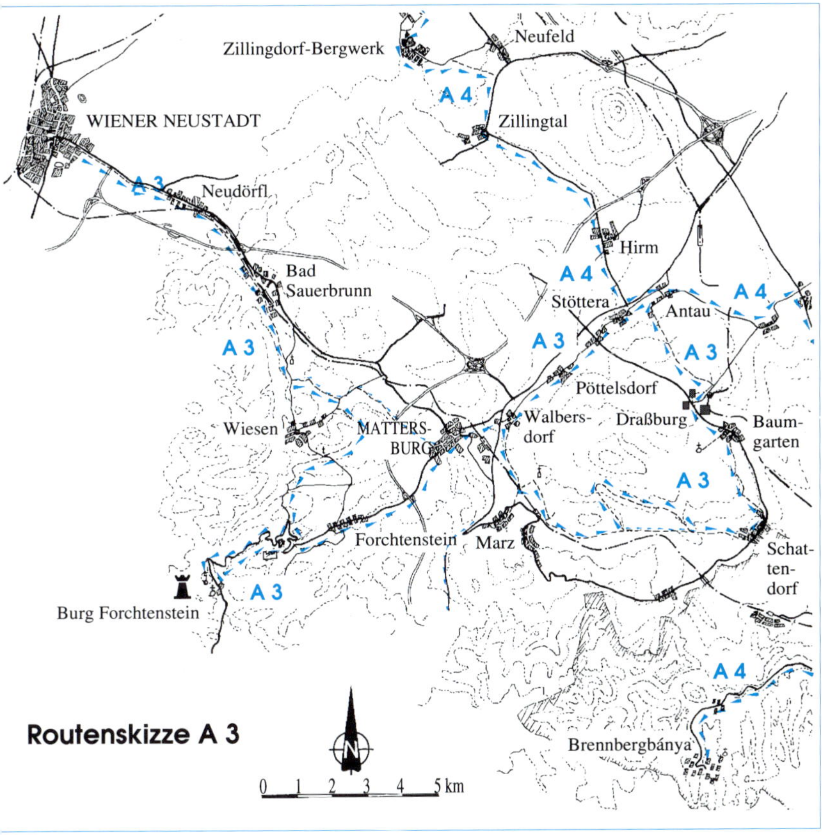

Glanz des besonders unter den Offizieren der k.u.k. Armee beliebten Kurortes zeugen die vielen alten Villen in der für die Jahrhundertwende typischen Architektur, mit Veranden, Balkonen und Holzblendwerk, an denen Sie auf dem kleinen Wegerl, das sich Fußgänger und Radler teilen, neben der Bahn dahinrollen (mit Rücksicht auf die meist älteren Spaziergänger bitte nicht zu schnell!). Neuere Villen, mit allen Zu- und Einbauten, die derzeit in Mode sind, säumen den B 32 Richtung „Forchtenstein“ auf der Ausfahrt aus dem Ort mit dem lindernden Sprudel.

Von nun an wird's hügelig, die ersten Obstgärten und Erdbeerfelder tauchen auf, für die die Region um *Wiesen* bekannt ist. Bekannt ist Wiesen auch für kulturelle Genüsse, für die legendären Jazz-Festivals. In dem abgelegenen und stark an ein Wildwestfilm-Fort erinnernden Komplex (km 12) haben schon musikalische Größen, die man eher der Carnegie Hall, Soho oder Newport zuordnen würde, ihre Instrumente strapaziert. Nach einer kurzen Rechts-Links-Kombination über die Landesstraße folgt der Anstieg zum Koglberg als Prolog für Forchtenstein. Ausrasten können Sie sich beim Blick auf Mattersburg und den Marzer Kogel. Durch Obstgärten mit Äpfel- und Nußbäumen und am „Sebastiankreuz" vorbei, ladet nach kurzer Schußfahrt das Gasthaus bei der Schreinermühle (km 16,5) zu einer Stärkung ein. Bald beginnt ein Gebiet von hervorragender landschaftlicher Schönheit: *die Rosalia*. Jetzt geht's wirklich gut 200 Höhenmeter nach *Forchtenstein* hinauf. Der markierte Radweg führt nicht ganz an die Burg heran, dennoch empfehle ich den letzten Anstieg sehr, ist sie doch eines der Wahrzeichen des Burgenlandes, die *Burg Forchtenstein* (km 19).

- Das markante Bauwerk spiegelt auch die Macht der Esterházy, denen die Anlage seit dem 17. Jahrhundert gehört. So paßt die burgenländische Landesausstellung 1993 über diese Familie gut

Burg Forchtenstein, ehemals wichtige Grenzfestung der Esterházy

  in ihre Mauern. Wie in Lockenhaus gibt es auch hier die Mär von einer grausamen Burgbesitzerin, einer gewissen Rosalia, die nach ihrem gewaltsamen Tod durch die Gegend gespukt haben soll. Erst der Bau einer Kapelle, 180 m höher als die Burg gelegen, verschaffte ihrer Seele für immer Ruhe. Diese *Rosalienkapelle* mit prächtigem Rundblick und dem bereits 1828 erwähnten Gasthaus daneben wurde zu einem beliebten Wallfahrerziel. Die reale Geschichte der Burg erzählt von ihr als von einem militärischen Sperriegel zum Schutz des Mattersburger Raumes. Das Ende der „Güssinger Fehde" im ausklingenden 13. Jahrhundert bedeutete zugleich das Aus für die erste Anlage: sie wurde geschleift, kurz danach aber umso wehrhafter wieder aufgebaut. Ungarn und Habsburger stritten heftig um diesen Landstrich, der mehrmals den Besitzer wechselte (ohne daß die Burg jemals eingenommen worden wäre), bis das Gemäuer an die Esterházy kam. Festungsbaumeister aus Oberitalien, die auch Preßburg, Györ und Sopron ausgebaut hatten, verstärkten Forchtenstein zur wichtigsten Garnison der ungarischen Adelsfamilie. Mit dem Rückzug der Türken im 17. Jahrhundert verlor die Burg schließlich an militärischer Bedeutung. Sie wurde in der Folge als Waffenkammer, Archiv, Schatzkammer und Gefängnis benutzt, und seit nunmehr 180 Jahren zeigt man die einst so stolze Veste als Museum.

Von Ende April bis Ende Oktober ist das Bauwerk zwischen 8 und 16 Uhr unter Berücksichtigung einer Mittagspause zu besichtigen, soferne sich zehn Besucher finden. Waffen, Schlach-

Blick von der Rosalienkapelle auf Forchtenstein und Mattersburg

tenbilder und Mobiliar kann bestaunt werden sowie der 142 m tiefe Brunnen, der den Großteil der Besucher am meisten in Erstaunen versetzt.

„Gruppen von Wallfahrern zur *Rosalienkapelle* belebten die Stille des Forstes“, die sich leicht „in den Irrgewinden des Waldes hinab nach Forchtenstein verirrten“, berichtete ein Wanderer 1818. Mit dem Auto wurde alles anders, und heute zählt die Abfahrt nach Mattersburg zu den klassischen und besonders unter Motorradfahrern beliebten in Ostösterreich. Die kleine Wulka hat das markante Tal geschaffen. Durch *Forchtenau,* einen langgestreckten Ort, und über einen ganz kurzen Gegenhang, der den Schuß bremst, erreicht man *Mattersburg*. Im Zentrum der Stadt, die etwas später beschrie-

ben wird, fällt die Entscheidung: soll man links oder rechts den Marzer Kogel umrunden? Hier ist die Route gegen den Uhrzeiger beschrieben.
Fahren Sie durch Mattersburg und unter dem imposanten Viadukt hindurch in den Stadtteil *Mattersburg-Walbersdorf* (km 30). Richtung *Marz* führt der B 30. Gut markiert und an einem Bacherl mit alten Mühlen entlang, fällt bei km 35 die nächste Entscheidung: direkt nach Schattendorf, oder links rauf auf den Hügel? Die Auffahrt auf diesen, den *Marzer Kogel*, lohnt. Er heißt auch „Rohrbacher Kogel" und ist der Rest eines ehemaligen Korallenriffs. Kaum zu glauben, wenn man den Trockenrasen sieht, der mit einer überweideten Schafweide verwechselt werden könnte!
An einem Feuchtbiotop vorbei, durch Wein- und Obstgärten und mit Blick auf das Rosalien- und Ödenburger Gebirge sowie nach Sopron, aber zeitweise auch durch Wald, führt ein Traumweg nach Schattendorf. *Schattendorf* (km 42) hat seinen besonderen Platz in der österreichischen Geschichte. Ein politisch umstrittenes Urteil in einem Mordprozeß hatte 1927 bürgerkriegsähnliche Unruhen in Wien ausgelöst. Der hart an der Grenze zu Ungarn liegende Ort mit den netten Hofgassen war durch den Eisernen Vorhang auch später nie ganz zur Ruhe gekommen. Abschottungsmaßnahmen der östlichen Nachbarn und die weithin zu hörenden Detonationen der Tretminen (durch Wild ausgelöst) sorgten für ein gespanntes Verhältnis zu Ungarn. 1989 sind auch hier die letzten Grenzbefestigungen gefallen.
Wieder hinauf geht's, durch den kleinen Weinberg am nördlichen Ortsende von Schattendorf. Nach einer kurzen Walddurchfahrt taucht *Baumgarten* auf (km 46). Der Ort mit seinem starken kroatischen Bevölkerungsanteil bietet einen optimalen Rastplatz für Radler: das ehemalige Paulinerkloster, etwa 1 km vom Ort entfernt, Richtung Bad.
In *Draßburg* (km 48, ohne Abstecher zum Paulinerkloster) fand man die steinzeitliche Figur der „Venus von Draßburg", die wie ihr Pendant aus Willendorf ähnlich üppig gebaut ist und gleichfalls eine Fruchtbarkeits-Gottheit darstellt. Weiter auf dem B 30. Nach einem schönen Rundblick auf das Leithagebirge und auf Eisenstadt fällt die Strecke etwas ab bis *Antau* (km 52). Dank der in den 80er Jahren gebauten Umfahrungsstraße führt der B 30 verkehrsarm durch die alten Ortskerne, die wieder liebevoll restauriert wurden. *Stöttera, Zemendorf* und *Pöttelsdorf* (km 56) sind bekannte Weinorte auf ertragreichen Braunerdeböden, und der Blaufränkische aus Pöttelsdorf dürfte schon Bismarck geschmeckt haben. Der „Eiserne Kanzler" ließ sich diese Spezialität einige Jahre lang über das Weinhaus Wolf in Eisenstadt bis Preußen liefern.

In *Walbersdorf* (km 58) bei Mattersburg schließt sich die Runde um den Marzer Kogel, und 2 km weiter sind Sie im Zentrum von *Mattersburg* (km 60). Am stärksten dürfte die Menschen früherer Zeit der Eisenbahnviadukt beeindruckt haben, er tut dies sogar heute noch, mehr als das wesentlich weiter sichtbare Hochhaus. Bedeutend war die Stadt freilich schon früher. Siedler aus Bayern folgten den Römern. Die verschiedenen Ortsnamen „Villa Martini", „Mertinsdorf" sowie das ungarische „Nagymarton/Groß-Martin" (im Gegensatz zu „Kismarton/Klein-Martin", dem heutigen Eisenstadt) zeigen, wie sehr das Burgenland dem hl. Martin verbunden ist, nicht nur über das beliebte Gansl.
Die Familie Esterházy regierte hier lange, und die wirtschaftliche Bedeutung des Ortes brachte eine starke jüdische Gemeinde hervor, die bis zu einem Drittel der Bevölkerung ausmachte. Die hebräische Schule war weithin berühmt, doch 1940 verschwand diese Bevölkerungsgruppe so wie die anderen legendären sieben jüdischen Gemeinden des Burgenlandes (Shewa Kehillot). Wirtschaftlich ist die Stadt inzwischen wieder das Zentrum der Region geworden.

Wie weiter?

- Die ÖBB bieten sich an, auf der Schiene zurück nach Wiener Neustadt zu fahren oder nach Sopron auf ein Gulyás – falls Sie den Paß dabeihaben.

- In das Mittelburgenland kommen Sie über den *Sieggrabener Sattel* und die in Abschnitt B 3 beschriebene Tour.

- Die Rad-Runde nach Wiener Neustadt schließt sich von Mattersburg aus folgendermaßen: Vom ursprünglichen Breitangerdorf an der Wulka ist noch etwas zu erahnen, wenn Sie Mattersburg Richtung Forchtenstein verlassen. Queren Sie die Wulka bei der letzten kleinen Brücke, und vorbei an neu erschlossenem kommunalem Siedlungsgebiet über einen leichten Höhenrücken und unter der Schnellstraße durch erreichen Sie die Landesstraße nach *Wiesen* (km 63).
  Auf dieser 500 m links, und Sie sehen schon die grünen Tafeln des Radweges B 30, der nach rechts zum Jazz-Gelände Wiesen abzweigt. Die Strecke zurück kennen Sie schon von der Anreise, über Sauerbrunn und *Neudörfl* ist Wiener Neustadt (km 76) schnell erreicht, falls Sie nicht letztlich doch noch in Neudörfl bei einem der Heurigen hängenbleiben.

A 4 Der Braunkohle auf der Spur

Von Neufeld ins Ödenburger Gebirge

„Steckbrief"

Gesamtlänge ca. 47 km. Nicht für Rennräder geeignet, optimale Sonntagstour, Rückreise mit der Bahn oder Anschluß an die Routen A 1, A 2, E, B 1. Landschaftlich nicht spektakulär, sondern durch eher unbekannte Gegenden führend und deshalb lohnend.
Routenführung Ebenfurth – Neufeld – Hirm – Klingenbach – Sopron – Brennbergbánya – Sopron
Kartenmaterial Optimal: Österreichische Karte 1:50.000 Blatt 77 Eisenstadt, Blatt 107 Mattersburg. Oder: Generalkarte Österreich 1:200.000 Blatt 2

Der Bereich Neufeld und Zillingtal war wichtiger Kohlelieferant besonders für die Wiener Ziegelöfen und Fabriken. Das Material wurde auf dem Wiener Neustädter Kanal transportiert, der eigentlich bis Triest geplant war. Wie sehr sich die Bedeutung einer Region durch geänderte technische Anforderungen ändern kann, wird auf dieser Tour deutlich. Die ehemals wichtigen Kohlegruben um Neufeld und Zillingdorf sind abgesoffen und erfüllen heute als Badeseen einen ganz anderen, vermutlich wirtschaftlich genauso wertvollen Zweck. Auf ungarischer Seite, in Brennbergbánya im Grenzstreifen bei Sopron, wo unter Tag geschürft wurde, ist der Wandel nicht gelungen.

Die Route

Ausgangspunkt ist *Ebenfurth im Steinfeld.* Der Ort ist mit der Bahn von Wien und Wiener Neustadt leicht zu erreichen (siehe Info-Teil), aber auch mit dem Rad:

- Von Wien über die Route nach Abschnitt A 2 bis kurz vor Deutsch Brodersdorf und dann über Wampersdorf und Pottendorf nach Ebenfurth (insgesamt ca. 50 km).
- Von Wien über den „Z"- oder „Laxenburg"-Radweg am Alpenostrand entlang, mit Blick auf Anninger und Hohe Wand, vorbei an Gumpoldskirchen und Baden bis Kottingbrunn, wo der Radweg recht abrupt endet. Durch Schönau und auf einer Nebenstraße nach Sollenau, weiter auf der Landesstraße über Haschendorf nach Ebenfurth (insgesamt ca. 57 km).
- Von Wiener Neustadt bietet sich natürlich die direkte, aber verkehrsstarke Verbindung auf der B 60 an. Ich empfehle deshalb

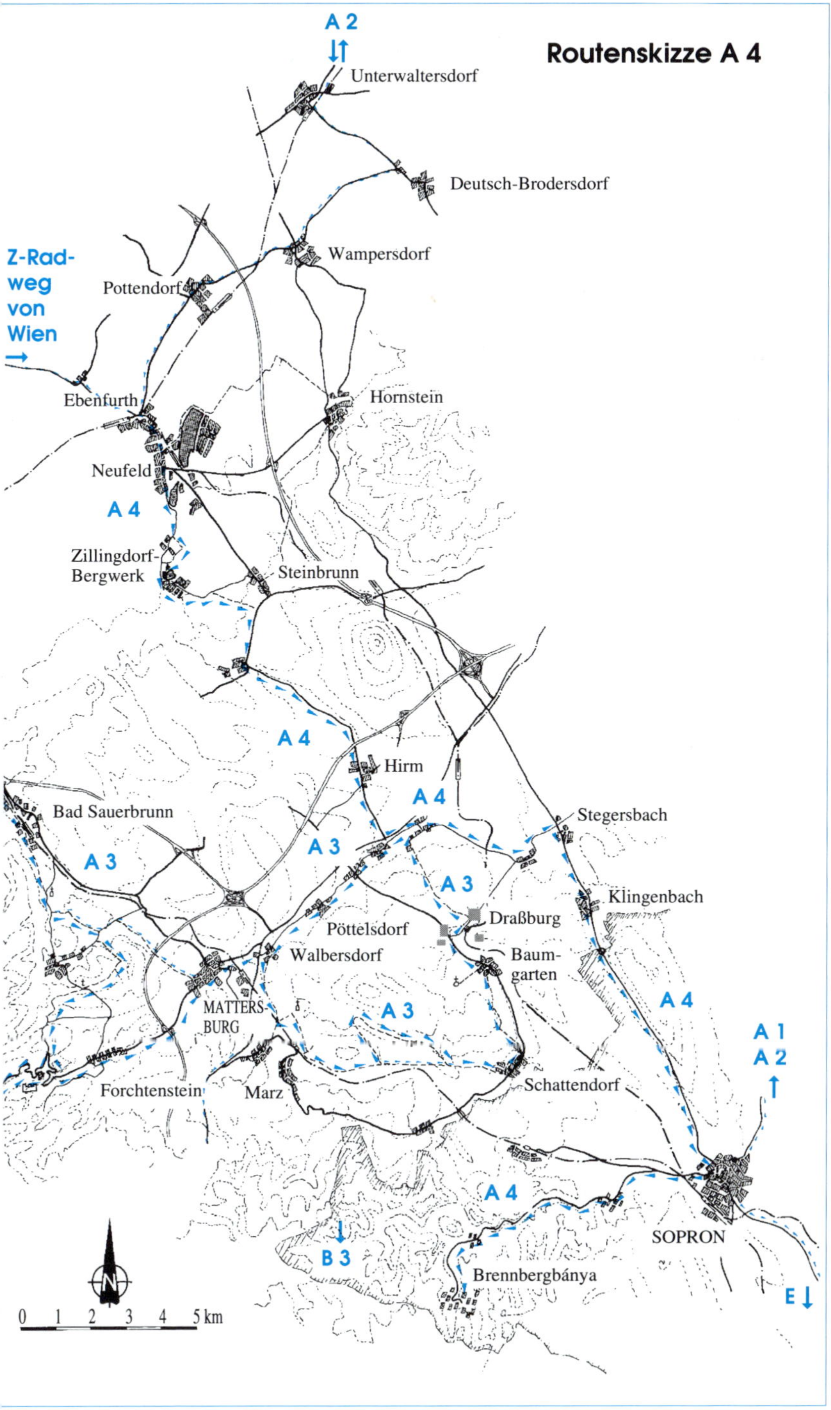
Routenskizze A 4
A 2
Unterwaltersdorf
Deutsch-Brodersdorf
Wampersdorf
Z-Rad-
weg
von
Wien
Pottendorf
Hornstein
Ebenfurth
Neufeld
A 4
Zillingdorf-
Bergwerk
Steinbrunn
A 4
Hirm
A 4
Bad Sauerbrunn
Stegersbach
A 3
A 3
A 3
Klingenbach
Draßburg
Pöttelsdorf
Walbersdorf
Baum-
garten
A 4
MATTERS-
BURG
A 3
A 1
A 2
Forchtenstein
Marz
Schattendorf
A 4
B 3
SOPRON
Brennbergbánya
E
0 1 2 3 4 5 km

jedoch den Umweg über den Wiener Neustädter Kanal: Ab dem Ortsteil Dottelbach führt ein Naturweg am künstlichen Gerinne entlang, bis nach ca. 7,5 km die Landesstraße nach Haschendorf und weiter nach Ebenfurth erreicht wird (insgesamt ca. 15 km).

Warum startet die Beschreibung in *Ebenfurth* (km 0)? Weil es an der Bahn liegt, und weil durch Neufeld (km 1,5) auf der burgenländischen Seite des Grenzflusses Leitha der beschriftete „Leitha-Radwanderweg" B 11 durchgeht.
Auch *Neufeld* hat einen Bahnhof, den der Raab-Ödenburger-Bahn, einer Privatbahn in österreichisch-ungarischem Besitz. Der Ort ist aber eher durch den gleichnamigen See bekannt, eine abgesoffene Kohlengrube. Daß man damals tief geschürft hat, freut heute die Taucher, die hier am tiefsten Punkt ihr feuchtkaltes Hobby sogar im Winter pflegen. Auch der Ortskern von Neufeld selbst hat Urlaubsatmosphäre. Der Ort lebt von den See-Anrainern heute besser als früher von den Kumpeln. Auf der langen Ortsstraße nach Süden, an einem weiteren, dem „Bauern-See", vorbei, oder am Radweg B 11 mit einem kleinen Umweg, kommen Sie nach *Zillingdorf-Bergwerk* (km 4,5). Auch hier gibt es kein Bergwerk mehr, statt dessen gleich mehrere Badeseen mit den dazugehörigen Siedlungen in ansprechender, leicht hügeliger Gegend. Folgen Sie stets der Radwegemarkierung nach *Zillingtal*, den Zickzack-Schleifen durch die Gartenanlagen, an Tennisplätzen vorbei und über Naturwegerl, die nett angelegt, aber völlig verwirrend sind. Über die Akazienstraße, eine Allee, kommen Sie an die ehemalige Grenze Ungarn/Österreich, wo noch ein alter zweisprachiger Grenzstein von 1897 steht. Thematisch passend rollen Sie nun durch die Esterházy-Straße, kurz danach teilt sich der Leitha-Radweg nach Steinbrunn oder nach Zillingtal. Die beschriebene Route führt weiter nach Zillingtal, die andere Variante sei kurz angeführt:

- Über *Steinbrunn* (km 11,5) schließt sich die Schleife des B 11. Ein kurzes, aber lautes Stück an der Autobahn Wien–Eisenstadt entlang führt der Weg nach *Hornstein*. Der malerisch am Hang des Leithagebirges gelegene Ort wetteifert mit Zillingdorf-Bergwerk um die komplizierteste Durchfahrt. Über landwirtschaftliche Zubringerwege und natürlich am Neufelder See vorbei ist *Neufeld* bzw. *Ebenfurth* mit knapp 30 km Gesamtstrecke das Ziel des „Leitha-Radweges" B 11.

Zillingtal (km 11) liegt wirklich im Tal und hat keinen See aufzuweisen. Richtung Hirm führt eine Allee am markanten Rudolfshof vorbei. Die Motorengeräusche vom staubigen Hügel gegenüber stammen von einem Motocross-Gelände, das sich in einer ehemaligen Schottergrube entwickelt hat. (Wenn Sie den Moped-Artisten beim

Purzelbaumschlagen zuschauen wollen, queren Sie 600 m nach dem Rudolfshof das Tal des Sulzbaches und fahren immer dem Krach folgend zur Fölligkapelle hoch, dort ist die Einfahrt zum tollen Treiben. Staubig werden Sie schon bei der Anfahrt.)

In *Hirm* (km 16) werden die meisten Briefkuverts Österreichs erzeugt. In den Ort *Stöttera* (km 18) fahren Sie nicht hinein, sondern wählen die ruhige Nebenstraße entlang des Baches Wulka nach *Antau* und weiter nach *Zagersdorf* (km 23). Etwas Besonderes waren sie schon immer, aber erst in letzter Zeit wurde der Ort für seine hervorragenden Rotweine weithin bekannt (mit Glück erwischen Sie eine Verkostung vor Ort). Quer durch die Siegendorfer Zuckerfabrik verläuft die Straße nach *Klingenbach* und weiter zum Grenzübergang nach Ungarn (km 29).
Die Einfahrt in die Stadt *Sopron* (km 36) und sie selbst sind im Abschnitt A 2 beschrieben. Schon vor dem Zentrum fällt ein riesiger

Ein Zeuge aus vergangenen Zeiten

grüner Wegweiser „Brennbergbánya“ nach rechts auf. Hier geht es zum nächsten Kohleflöz der Tour, 230 lohnende Höhenmeter sind zu überwinden. Vielleicht sehen Sie schon das eigenartige Mittelding aus Kirchturm und Förderturm auf dem Bergrücken vor sich, das ist zu erreichen.
Der Ort *Kertváros/Wandorf* mit der auf ehemaligen Bergbau deutenden Architektur ist noch ein Vorort von Sopron. Im urigen Beisl am kleinen Platz lohnt es, das Bier aus Sopron mit dem Wahrzeichen der Stadt, dem Feuerturm, auf dem Etikett auch aus medizinischen Gründen zu sich zu nehmen, denn der folgende Anstieg zieht sich.

Der nahe, idyllische Campingplatz am Bach war bis zur Wende der letzte Ort vor der Grenze, den Ausländer betreten durften, aber auch Ungarn benötigten eine spezielle Erlaubnis. Das hat dazu geführt, daß die folgende Gegend noch immer abgeschlossen und anders wirkt, obwohl mittlerweile immer weniger Trabis und immer mehr westliche Autos überholen.
Der kleine Bach hat ein bemerkenswertes Tal geschaffen, mit unter Schutz gestellten Abbrüchen. Ein wenig armselig wirkt die Gegend dennoch, abbruchreife Kasernen und Industriebauten sowie die Trasse einer ehemaligen Bahn begleiten die letzten Kilometer bis *Brennbergbánya/Brennberg* (km 47).
Nun öffnet sich allerdings eine Oase. Gepflegte Vorgärten mit Blumen und Obstbäumen machen den in der riesigen Waldlichtung gelegenen Ort sympathisch. An den Bergbau erinnert nicht mehr viel, einige Maschinenreste, am meisten noch das kleine Museum. Eine perfekt Burgenländisch sprechende Führerin öffnet mit einem archaischen Schlüssel. Hauptsächlich Fotos beweisen die ehemalige Bedeutung des Kohlenschurfs im Ödenburger Gebirge. Für den Transport des begehrten prähistorischen Umwandlungsproduktes wurde eine Schmalspurbahn bis Ągfalfa/Agendorf gebaut, auf deren Trasse Mountainbiker auf kurzen Stücken bei der Talfahrt ihre Künste zeigen können.
Wichtig wurde Brennberg wieder 1989, nachdem der Grenzzaun weg war. Von hier flüchteten viele DDR-Bürger über die nur 800 m entfernte Grenze nach Österreich. „Wo ist bitte der Friedhof, wir haben Verwandte hier begraben", war die übliche Begründung für das vermehrte Auftauchen ostdeutscher Trabis im entlegenen Nest.
Wie war der Weg über die Grenze zu finden? Durch österreichische Schlepper, die im Sommer 1989 in den Schanigärten der Cafés von Sopron auf Kundschaft warteten. Es gibt sie noch immer, die Herrschaften in den ausgewaschenen Jeans-Anzügen und der Physiognomie von Rauschgiftdealern, und sie streunen nach wie vor durch Sopron. Sie weisen jetzt anderen den vermeintlich sicheren Weg ins Gelobte Land.
Die zahlreichen Autos mit österreichischen Nummerntafeln, die Sie in Brennbergbánya bemerken werden, haben aber auch eine ganz harmlose Erklärung: Erst die neue Grenze nach der Volksabstimmung von 1921 in Sopron trennte die Bevölkerung, die hier jahrhundertelang gemeinsam lebte und arbeitete und erst jetzt wieder zusammenfinden darf (wenn auch über den Umweg Deutschkreuz/Kópháza). So erklärt sich auch das zumindest von den älteren Bewohnern in Brennbergbánya noch gesprochene Burgenländisch. Die ebenfalls stillgelegte Kohlegrube auf österreichischer Seite, der Helenenschacht bei *Ritzing*, wird in Abschnitt B 1 beschrieben.

Wie weiter? Wie zurück?

- Zurück nach Sopron und mit der Bahn nach Ebenfurth, Wiener Neustadt oder Wien (oder Fertöd!).
- Die Umrundung des Ödenburger Gebirges bietet sich an: zurück nach Sopron, und wie im Abschnitt E beschrieben bei Deutschkreuz/Kópháza nach Österreich, um von dort mit den ÖBB zurückzureisen, oder von Deutschkreuz auf dem „Rotwein-Radweg" B 40 (und nach Abschnitt B 1) und auf dem Radweg R 50 (Abschnitt B 2) nach Mattersburg, oder weiter über die Route A 3 und den Radweg B 32 nach Wiener Neustadt.
- Zurück nach Sopron und nach Fertöd wie in Abschnitt A 2 beschrieben.
- Zurück nach Sopron und zum Neusiedler See, wie in den Abschnitten A 1 und A 2 beschrieben.

B Mittelburgenland und Region Köszeg

B 1 Die Rotwein-Runde

Auf dem Rotwein-Radweg zu Franz Liszt

„Steckbrief"

Gesamtlänge ca. 40 km, Rundfahrt, größtenteils asphaltiert, durch die Weinfelder auch auf Naturstraßen. Eine gute Tagestour. Anschlüsse an die Routen A 2, B 2 und E. Bahnanschluß in Deutschkreuz

Routenführung Immer auf dem Rotwein-Radweg B 40: Deutschkreuz – Kleinwarasdorf – Raiding– Horitschon – Neckenmarkt – Deutschkreuz

Kartenmaterial Optimal: Österreichische Karte 1:50.000 Blatt 107 Mattersburg, Blatt 108 Deutschkreuz. Oder: Generalkarte Österreich 1:200.000 Blatt 2. Oder: Radkarte „Blaufränkisch-Land"

Die großen Weinmengen des Burgenlandes kommen von den Ufern des Neusiedler Sees und dem Seewinkel. Hier jedoch, im Deutschkreuz-Neckenmarkter Raum, hat man auf die Besonderheiten von Boden und Klima gesetzt und mehr und mehr speziell den Blaufränkischen kultiviert. Durch diese Weinfelder verläuft der mit B 40 sehr animierend geführte „Rotwein-Radweg".

Eine Karte werden Sie trotz der sehr guten Markierung brauchen, denn bei den Wegtafeln sind oft nur die Zielorte angegeben. So finden Sie in Deutschkreuz zwar die Angabe „B 40 Weppersdorf" (das gut 20 km entfernt liegt), aber keinen Hinweis auf die dazwischen liegenden Orte oder den nächsten.

Lokale Wege und Verbindungen machen die Sache leider nicht deutlicher. So gibt es neben dem B 40 und dem R 62 in dem kleinen Gebiet auch die Wege 400, 401, 402, 403, 404, 405, 411, 412, 420. Alles klar?

Sicher nicht. Im folgenden ist deshalb stur der B 40 „Rotwein-Radweg" beschrieben (mit der Verbindung über den R 62).

Die Route

Deutschkreuz ist Ausgangspunkt der Rundfahrt. Dies deshalb, weil der Ort Bahnanschluß nach Sopron und Wiener Neustadt hat und auch Verbindungen mit den Routen A 2 und E. Deutschkreuz ist der

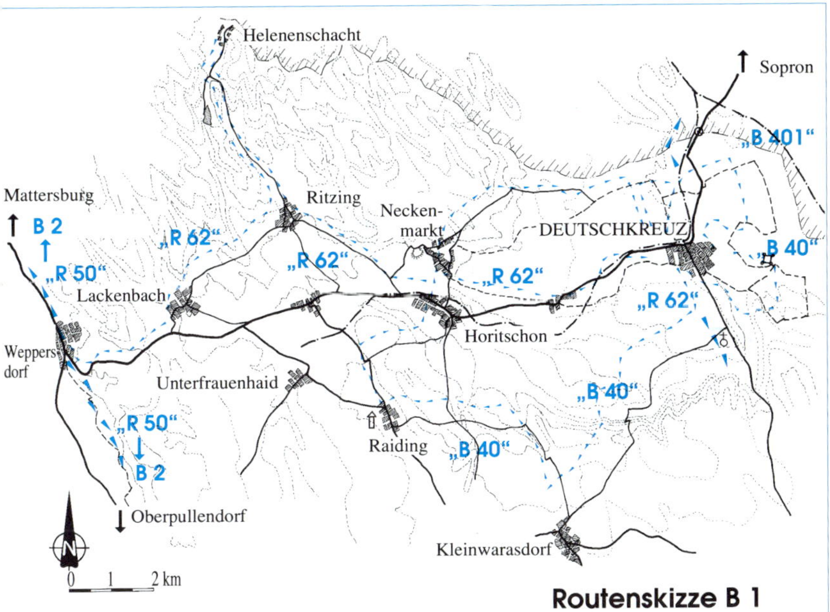

Routenskizze B 1

Hauptort der Gegend, natürlich für seinen Wein bekannt, aber auch für sein Schloß. Ein Palatin aus der Familie der Nádasdy hatte den Bau im Stil eines Wasserschlosses begonnen, die Anlage kam später an die Esterházy und gehört jetzt dem Maler Anton Lehmden. Zu besichtigen ist die zweigeschossige Anlage nur nach Voranmeldung. Beginnen Sie die Wein-Runde im Uhrzeigersinn, am besten gleich in den Weinfeldern. Dazu fahren Sie aus Deutschkreuz (km 0) einen Kilometer auf der Straße zum Grenzübergang nach Ungarn und Richtung Bad. (Oder genau nördlich hinter dem Bahnhof auf einem markierten Radweg ebenfalls Richtung Bad.) Gegenüber der Schwimmanlage mit der ulkigen Rutsche, nach Osten, ist der Rotwein-Radweg B 40 markiert und führt unmittelbar in die Weinkulturen. Ohne Wegmarkierung ware man hier verloren fast endlos wirken die Anlagen, obwohl sie großräumiger erscheinen als sie sind. Die ungarische Grenze ist nicht weit, und Deutschkreuz wird in einem weiten Bogen zickzack umfahren.

Zwischendurch geht der Wein-Weg in einen Erdäpfel-Weg über, und irgendwann taucht das versteckt gelegene, aber doch recht große Schloß von Deutschkreuz auf (ca. km 7,5). Die nächste Schlinge nähert sich wieder der Grenze, wieder durch Weinhänge mit leichtem Baumbestand geführt, taucht oberhalb von Deutschkreuz in einem lichten Akazienhain die „Weinberg-Kapelle“ auf (ca. km 11). Das quadratische gut proportionierte Bauwerk aus dem 17. Jahrhundert deutet darauf hin, daß der Weinbau auch damals geschätzt war.

Genau beschriebene 96 m von der Kapelle entfernt findet sich bei einem Madonnenbildnis ein Sitzbankerl mit optimalem Rundblick bis zum Wechsel und auf der anderen Seite weit hinein ins ungarische Tiefland. Verlieren Sie die Markierung nicht! Der Radweg führt scheinbar Richtung Deutschkreuz zurück, zweigt dann aber an der Straße nach *Nikitsch* zum Weißen Kreuz (ca. km 14) mit „Rad-Weinweg B 40“ ab.
Nach dem Hinweis „Kleinwarasdorf“ ist er dann als Rotwein-Weg beschildert und trägt die Weintraube bereits unverkennbar als Leitsymbol auf den grünen Taferln. Mit dem Wein ist's vorerst aus, Sonnenblumen, Kukuruz und Getreide dominieren nun als Feldfrucht. Der Kreuzer Wald ist eine abwechselnde Barriere mit 70 Höhenmetern, und kurz vor Kleinwarasdorf (ca. km 20,5) führt ein Wirtschaftsweg scharf rechts abzweigend endlich wieder in die Reben. Etwas winkelig angelegt, führt das Wegerl überaus reizvoll und wellig auf den Rager Berg und durch den idyllischen Rager Wald nach *Raiding* (ca. km 27).

- Der „Knüller“ von Raiding ist von Ostern bis Ende Oktober von 9–12 und 13–17 Uhr zu besichtigen: Es ist dies das *Liszt-Museum*, das Haus, in dem dieser Weltbürger des 19. Jahrhunderts geboren wurde. Es war ein Meierhof in Esterházyschem Besitz, in dem die Familie Liszt damals 1811 wohnte, etwas außerhalb des Dorfes, das zu dieser Zeit zum westungarischen Komitat Sopron gehörte und Doborjan hieß. Das ist auch der Grund für das „sz“ im Namen und die Versuche, aus Liszt einen Ungarn zu machen (Liszt heißt auf Deutsch „Mehl“). War er aber nicht, denn der Vater stammte aus dem Bayrischen und die Mutter aus Krems an der Donau. Damit das niemand verwechselt, hängt vor dem Eingang zum Liszt-Haus eine Inschrift mit dem heute zumindest eigenartig wirkenden Text: „Diese Gedenktafel weihte dem deutschen Meister das deutsche Volk.“ Dem Altmeister dürfte das recht gewesen sein, denn er war bei der Anbringung der Inschrift anläßlich seines 70ers selbst dabei.
  Sehr oft war Liszt allerdings nicht in Raiding. Er verließ es schon mit 10 Jahren, um sich in Wien musikalisch ausbilden zu lassen. Das Museum mit seinen drei Räumen vermittelt in erster Linie Atmosphäre, und wie in Haydns Geburtshaus in Rohrau an der Leitha, rieseln auch hier die bekanntesten Kompositionen von der Decke. Verdauen können Sie diese Eindrücke bestens in einer der Buschenschenken, die Raiding auch in dieser Hinsicht interessant machen.

Weiter auf einem Plateau, von dem man an klaren Tagen sogar den Schneeberg hinter dem Sieggrabener Sattel auftauchen sieht, durch

Weinfelder nach *Horitschon* (ca. km 31), einem ebenfalls bekannten Weinort, ist der „Rotwein-Radweg" B 40 markiert. Ein wenig weiter taucht *Neckenmark*t auf (ca. km 32,5). Im Ort wird die Angelegenheit etwas unübersichtlich, mehrere Wegweiser mit mikroskopischen Beschriftungen und noch kleineren Richtungspfeilen bieten einige Routen an:

- *Von Neckenmarkt auf dem B 40 nach Deutschkreuz zum Ende der Rundfahrt durch die Rebkulturen.*

Direkt neben dem Radweg hängen die riesigen Weintrauben an den Stöcken. Besonders zur Lesezeit ist diese Fahrt ein Erlebnis! Am Hang und an der Grenze zu Ungarn entlang bietet sich die Aussicht auf eigene und fremde Wachttürme. Dies ist einer der Bereiche, wo 1989 die Fluchtbewegung aus Ungarn stattgefunden hat. Im typischen Zickzack dieser Region durch Feld und Flur taucht schließlich doch *Deutschkreuz* auf. Beim Bahnhof ist die Runde nach ca. 40 km zu Ende.

Das Liszt-Geburtshaus in Raiding ist ein ehemaliger Meierhof

- *Von Neckenmarkt nach Deutschkreuz auf dem direkten R 62.*

Ein sehr netter Weg verläuft von Neckenmarkt am Goldbach entlang nach Unterpetersdorf und weiter über *Girm* nach *Deutschkreuz* und zum Ende der Rotwein-Runde nach ca. 40 km.

- *Von Neckenmarkt nach Weppersdorf auf dem R 62, über Ritzing und Lackenbach zum Anschluß an den R 50 und an die Route B 2.*

Damit ist die Radwege-Verbindung nach Mattersburg/Wiener Neustadt oder nach Oberpullendorf gegeben. Auch wenn Sie nicht bis Weppersdorf radeln wollen, zumindest bis Ritzing und zur alten Bergwerkssiedlung beim Helenenschacht sollten Sie kommen. *Ritzing* (ca. 5 km von Neckenmarkt) ist auf dem Radweg R 62 zu erreichen und ist ein noch recht ursprüngliches Dorf mit schönen Streckhöfen. Richtung Badesee Ritzing (sicher eine gute Alternative an heißen Tagen) führt eine Asphaltstraße bergauf. Bei der Kreuzung mit dem Wirtshaus geht die Straße rechts weiter, hinauf zur neu entstandenen Siedlung um den *Helenenschacht* (ca. 5 km von Ritzing) auf fast 500 m Seehöhe, nur einen Steinwurf von der ungarischen Grenze entfernt. Wie drüben in Brennbergbánya (siehe A 4) wurde auch hier Kohle gefördert, die baufälligen Reste einiger Anlagen sind noch zu bestaunen. Von diesem Weiler in der Einschicht führt der Abstecher auf dem gleichen Weg zurück nach Ritzing. Auf dem R 62 heißt das nächste Ziel Lackenbach (ca. 8,5 km von Neckenmarkt). Der Ort war schon einmal bedeutender, nämlich durch ein Schloß, das ein Sproß der Esterházy 1612 erheiratet hatte. Der neue Schloßherr wurde bald darauf, 1620, in seinem neuen Domizil überraschend von 6500 aufständischen Ungarn belagert. Er hatte nicht rechtzeitig auf die wesentlich sicherere Burg Landsee entwischen können. Befreit wurde er durch kaiserliche Truppen sowie dank taktisch kluger Aktionen der eigenen, wesentlich kleineren Gefolgschaft. Nach dieser Schlacht zur gemeinsamen Abwendung der ungarischen Gefahr an den Ostgrenzen festigte sich das Verhältnis zwischen den Esterházy und dem habsburgischen Kaiserhaus zum Wohle beider, mit den bis heute erkennbaren Auswirkungen. Das Schloß steht noch, wenn auch nicht mehr im alten Glanz. Den läßt nur der Arkadenhof erahnen. Es bietet heute Quartier für staatliche Behörden. Ein Gedenkstein erinnert an eine unrühmliche Periode der Lackenbacher Geschichte, als 1940 im ehemaligen Meierhof „Schaflerhof“ ein KZ-ähnliches Anhaltelager für Zigeuner entstand mit mehr als 2000 Insassen. Von hier gingen die Transporte in die Vernichtungslager.

Neben der Hauptstraße und besonders im letzten Teil sehr aufwendig angelegt, trifft der Radweg R 62 in *Weppersdorf* (ca. 12,5 km von Neckenmarkt) auf den R 50 und damit auf die Verbindung zwischen Mattersburg und Oberpullendorf.

Und weiter?

- Von Deutschkreuz entweder mit den ÖBB zurück, oder nach Sopron, oder nach Fertöd auf der Route A 2.
- Von Weppersdorf entlang der Route B 2 nach Mattersburg, Wiener Neustadt oder nach Oberpullendorf.

Auf dem Rad durch das „Blaufränkisch-Land“

B 2 Über die Berge

Von Mattersburg nach Eisenberg in die Weinidylle

„Steckbrief“

Gesamtlänge ca. 101 km. Alles asphaltiert, auch die kleinsten Radwege. Eine gute Zweitagetour. Anschlüsse an die Radrouten A 3, B 1, B 3, C 1. Bahnanschlüsse in Mattersburg und Oberwart
Routenführung Mattersburg – Sieggraben – Oberpullendorf – Lockenhaus – Oberwart – Kohfidisch – Eisenberg
Kartenmaterial Optimal: Österreichische Karte 1:50.000 Blatt 107 Mattersburg, Blatt 137 Oberwart, Blatt 138 Rechnitz, Blatt 167 Güssing, Blatt 168 Eberau. Oder: Generalkarte Österreich 1:200.000 Blatt 2 und 5

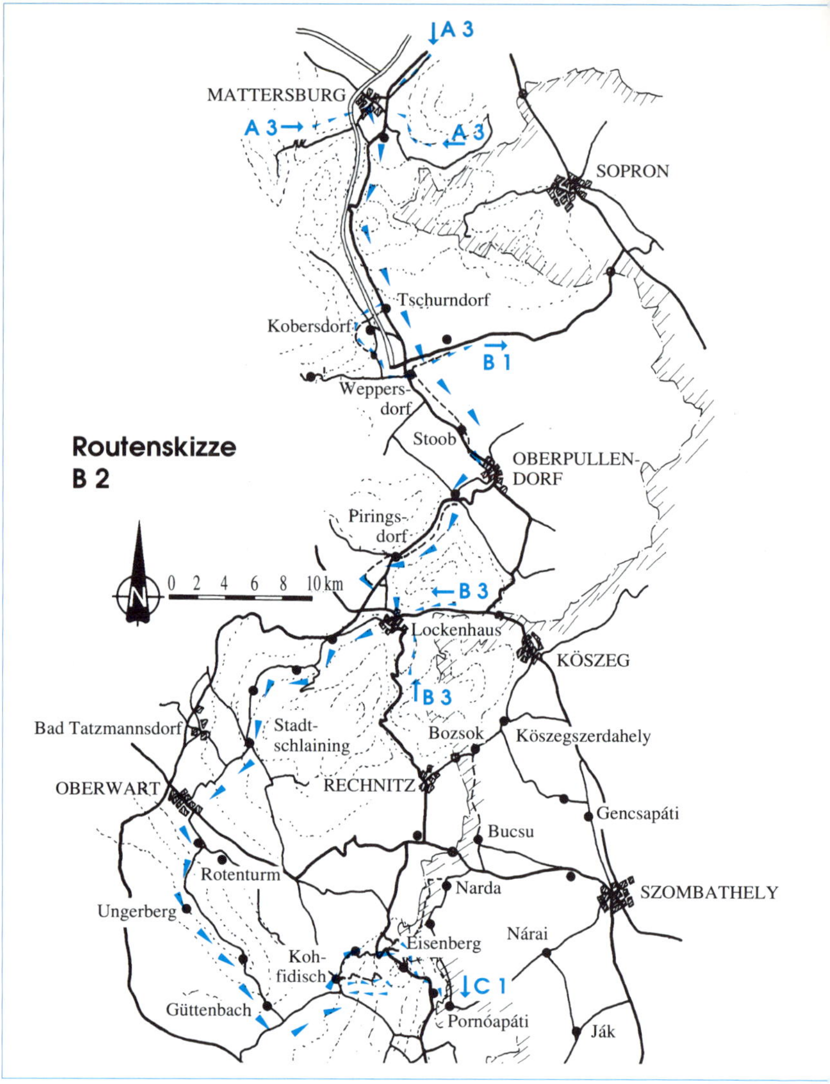

Routenskizze B 2

Die Mär vom ebenen Burgenland hält sich beharrlich, Vertreter dieser Theorie sollten diese Tour zwecks Bekehrung mitmachen. Auch klein wirkt das Bundesland nicht, zumindest nicht in der Nord-Süd-Erstreckung, der diese Route folgt. Nur schmal ist es wirklich. An der engsten Stelle, gleich beim ersten Anstieg in Sieggraben, mißt das Land nur 4340 m in der Breite. Auf dem 101 km langen Weg ändert sich die Landschaft sehr wesentlich. Falls Sie schon auf der Strecke A 2 von Wien kommen, und von Eisenberg südwärts bis Bad Radkersburg weiterradeln, durchfahren Sie sogar mehr als anderthalb Breitengrade auf dem Globus!

Mattersburg (km 0) ist in Kapitel A 3 näher beschrieben. Die Stadt ist mit den ÖBB und dem PKW leicht zu erreichen, ist über den „Rosalienradweg B 32“ mit Wiener Neustadt und über den „Koglweg B 30“ und den Radweg B 13 mit dem Neusiedler See verbunden. Die Verbindung nach Süden über den Sieggrabener Sattel, der das Nordburgenland vom Mittelburgenland trennt, ist eine mittlere Bergwertung. Der Radweg R 50 leitet Sie auf der wenig befahrenen Straße nach Oberpullendorf über das Scheidegebirge, doch vorerst nach Marz, wenn Sie von Mattersburg-Walbersdorf anradeln.
Vom Zentrum Mattersburgs kommend, fahren Sie am Bahnhof vorbei gleich direkt auf die Straße Richtung Sieggrabener Sattel auf. Schon von *Marz* aus sehen Sie vor sich einen Sendemast, das ist auch der höchste Punkt des Sattels. Die Steigung beginnt vorerst moderat, vorbei an Verkaufsbuden, wo im Frühjahr Erdbeeren und im Herbst Weintrauben, Obst und Nüsse verkauft werden. Die gröbste Steigung ist bei einer Spitzkehre genau unter der Schnellstraßenbrücke überwunden, und 1,5 km später ist der Sattel bei Straßenkilometer 75,0 erreicht. Der Blick nach Süden zeigt den weiteren Verlauf: vorerst hinunter in einem offenen Tal. Ohne Gegenwind und mit anständigen Lagern in den Achsen sollte das Rad ohne wesentliche Kurbelarbeit mindestens bis Weppersdorf rollen. Doch zuvor, im Ort nach *Sieggraben* (km 12) gegenüber einer Tankstelle, lockt ein Radweg nach rechts und Schwarzenbach. Es ist nicht unserer, bleiben Sie auf der Hauptstraße. Die nächste Abzweigung wartet in *Tschurndorf* (km 17) mit dem *„Waldquellen-Radweg B 42“*.

- Der ist allerdings eine 12 km lange, nette Abwechslung von der Abwärts-Rollerei, und es ist auch gleich ein Höhenrücken mit 40 m nach *Kobersdorf* zu überwinden. In Kobersdorf war einst der langjährige Landeshauptmann Kery tätig, eine Theodor-Kery-Gasse erinnert daran. Geschichtlich längeren Bestand hat aber das Wasserschloß, wo im Sommer Theateraufführungen für kulturelle Höhepunkte sorgen. Der geschmackvoll renovierte Bau ist von April bis Oktober Samstag und Sonntag um 13.00 Uhr auch für Theaterbanausen in Gruppen ab vier Personen zu besichtigen. Der B 42 verläßt den Ort natürlich auf der Theodor-Kery-Straße, folgt einem kleinen Bacherl, nähert sich der Waldquelle und erreicht, landschaftlich durch Feld und Flur schön geführt, *Lindgraben*. Um den Ort herum für Naturfreunde oder direkt durch den Ort für Eilige stößt der B 42 auf die Verbindung Landsee–St. Martin. Die legendäere *Ruine Landsee* wäre für Burgfreunde einen Abstecher wert. Aber nur für sie, denn diese ehemals größte Burg des Bundeslandes liegt 300 m höher und

Schloß Rotenturm: vergleichbar mit der Roßauer Kaserne in Wien

bietet nur verfallenes Gemäuer. Um auf den R 50 zurückzukommen, radeln Sie nach *Markt St. Martin*, folgen der Beschilderung B 42 durch den Ort und Richtung Bad und Campingplatz. Dort führt der R 50 direkt vorbei (Umweg durch den Waldquellenweg B 42 ca. 12 km).

Wer's eilig hat, nach Eisenberg zu kommen, bleibt in *Tschurndorf* (km 17) auf dem R 50 und erreicht *Weppersdorf* (km 21,8). Bei der markanten Straßenkreuzung teilen sich auch die Radwege: nach Ritzing (Badesee), Deutschkreuz, Raiding (Liszthaus) der R 62, nach *Markt St. Martin* der Waldquellenweg B 42 und zugleich R 50. Auf dem R 50 bleiben Sie. Völlig verkehrsfrei schlängelt sich nun ein zwei Meter breites Asphaltband nur für Fußgänger und Radler durch Äcker, Wälder und Wiesen, weit abseits der Hauptstraße, meist entlang des Stoober Baches. Beim Camping- und Tennisplatz teilen sich die Radwege: R 42 nach Markt St. Martin und Kobersdorf, und R 50 weiter nach Oberpullendorf. Der R 50 führt weiter durch Äcker und geförderte Grünbrachflächen, eine Fabrik der ABB kündigt das nahe *Stoob* an (km 29). Der Ort ist durch seine Keramiken bekannt, die sich geschmacklich angenehm von den üblichen Touristensouvenirs abheben. Die Töpferei ist hier auch in Hobbykursen erlernbar und führt zu den bekannten, nur durch die Farbe und gestalterische Warzengebung zu unterscheidenden Rotationshohlkörpern, die auf den Borden alternativer Kücheneinrichtungen zu finden sind und beweisen sollen, daß die Hüterin des Herdes im Urlaub auch schon künstlerisch tätig war.

Der Arm am Stadtmuseum in Oberpullendorf erinnert an die Türken

In Stoob geht's auf dem R 50 etwas unvermutet zum Bahnhof. Der Weg wird dann weiter nach *Oberpullendorf* wieder eine landschaftliche Sensation. Wieder gibt der nun schon etwas breitere Stoober Bach die Richtung vor, Aulandschaften, Äcker ringsum. Oberpullendorf (km 33) kündigt sich durch Industrie, Handel und mit enormer Bautätigkeit an.
Beim Fußballplatz ist das R 50-Schild leicht zu übersehen, der Weg führt genau ins Zentrum. *Oberpullendorf* selbst liegt genau im Zen-

trum des Burgenlandes und war 1924 bei der Abstimmung um die Landeshauptstadt gut im Rennen. Eisenstadt hat dann aber doch gewonnen. Oberpullendorf bietet ein nettes Stadtbild, die Hauptstraße ist eine fast durchgehende Theke, Gasthäuser, Pubs und Kaffeehäuser reihen sich aneinander, und der Ansturm ungarischer Käufer ließ Textilgeschäfte und Boutiquen entstehen.

Der R 50 führt am Ende des Zentrums aus Oberpullendorf (km 33) heraus. Rechts ab, unter der Bahn durch, am Umspannwerk vorbei und auf einem Güterweg über einen Geländerücken nach Dörfl (km 39).

Durch das flache Tal der Rabnitz verläuft eigentlich eine Hauptverkehrsstraße nach Lockenhaus, aber ein baulich völlig getrennter Radweg separiert angenehm vom Verkehr. Hier haben die Gemeindeplaner Hervorragendes geleistet! In *Pieringsdorf* (km 36), bekannt für seine Korbflechterei, wird die alte Ortsstraße als Radweg benutzt. Zur „Sulzquelle" auf der Sulzgasse stimmt die Richtung, auch wenn sie noch nicht als R 50 markiert ist. Ein nicht übersehbares Bauwerk im freien Feld beherbergt den Trinksprudel, den Sie unbedingt verkosten sollten. Das schwefelige Tränklein treibt Sie auf den folgenden Berg hinauf. Der schmale Betonweg an „Klein Karlsbad" vorbei führt die 120 Höhenmeter nach *Hochstraß* (km 40) und von dort wieder hinunter nach *Lockenhaus*. Die Burg ist von der Abfahrt her sehr schön zu sehen. Lockenhaus (km 43) und sein Castello ist in Abschnitt B 3 beschrieben und liegt am Fuß des Geschriebensteins. Über diesen höchsten Berg des Burgenlandes führt die Route weiter, allerdings auf einem „Schleicher", nicht über den Gipfel.

Genau aus der Ortsmitte von Lockenhaus leitet eine Nebenstraße nach *Langeck* und weiter einen kurzen Kilometer auf der Bundesstraße bis zum Weiler *Weißenbachl* mit der Abzweigung nach Stadtschlaining und Kohlstätten. Die Ortsnamen *Ober-* und *Unterkohlstätten* künden schon an, daß der Bergbau für die Region wichtig war. Nicht nur Eisen, Kupfer, Silber und sogar Gold, sondern besonders Antimon holten die Knappen aus den abbauwürdigen Nutzschichten im Berg. Verarbeitet wurde das alles in der Nachbarschaft, Hammerwerke ratterten in Schlaining und Rechnitz. Ein typisches Erzeugnis waren die „Taschenfeitl". Nachdem heute andere Industriezweige dominieren, sind auch die Flöze unterm Geschriebenstein stillgelegt.

An den noch bestehenden Anlagen des Antimonbergwerkes kommen Sie direkt vorbei, wenn Sie den Anstieg geschafft haben. Über *Unterkohlstätten* (km 52) und *Goberling* radeln Sie der Burg von Stadtschlaining entgegen, die kurze Auffahrt zur bedeutenden Stadt lohnt sich.

- *Stadtschlaining* (km 60,5) beeindruckt durch sein gepflegtes Ortsbild und durch seine Lage. Eigentlich auf einem windigen Sattel gelegen, war die Stadt eine wichtige Handelsstation, wovon heute freilich nichts mehr zu bemerken ist. Handel trieb vor allem eine starke jüdische Gemeinde, die heute nicht mehr existiert und an die nur noch die kürzlich restaurierte Synagoge erinnert. An die einst befestigte Wehrstadt erinnern hingegen die Reste der Stadtmauer, besonders die wuchtige Burg, die heute eine Gruppierung aus einer ganz anderen weltanschaulichen Ecke beheimatet: das „Institut für Friedensforschung". Völlig ohne Ritterzauber sind natürlich keine Besucher in eine Ritterburg zu locken. So sind auch hier die unvermeidlichen Requisiten mittelalterlicher Kampfeslust neben einer ortskund-

Stadtschlaining, die alte Handelsstraße am Geschriebenstein

lichen Sammlung ausgestellt. Gründe, einzuschreiten, gab es für die Herrschaften im maßgeschneiderten Blech genug. Zwischen den Babenbergern und den ungarischen Königen, zwischen den Güssingern und Przemysl Ottokar, den Habsburgern und dem Steirer Paumkirchner sowie der Familie Batthyány und einem österreichischen Minister wechselte das Gemäuer auf dem Felsen immer wieder seine Besitzer. Momentan ist Ruhe. Dafür sorgt das Land Burgenland als derzeitiger Besitzer.

Die Straße nach Oberwart ist die richtige Ausfahrt aus Stadtschlaining (km 60,5). In *Drumling* lockt ein 3 km langer Abstecher über einen leichten Hügel nach *Bad Tatzmannsdorf*, einem der ältesten Kurorte Europas mit einem „vortrefflichen Sauerbrunnen".

Reisende wußten dies schon vor 160 Jahren zu berichten, sie haben sich unter dem hier kurenden westungarischen Adel wohl gefühlt. Auch wenn Sie nicht an Unregelmäßigkeiten des Kreislaufes, des Herzens oder des Unterleibes leiden, ist das der richtige Ort zum Regenerieren und Erholen. Auch die mit dem Kurbetrieb mitgewachsene Gastronomie spricht für diesen kleinen Ausflug. Ein gewisser Nachteil für Radler ist, daß der Ort in einer Senke liegt, aus der wieder hochgeradelt werden muß.

Gestärkt sollten Sie über *St. Martin in der Wart* und wieder über einen kleinen Hügel die Stadt *Oberwart* erreichen (km 69). Dies ist der Hauptort der „Wart“, des ehemaligen Grenzbereichs Ungarns, dessen Wehrbauern das Land gegen das Deutsche Reich sichern sollten. Im Gegensatz zu Kampfesgenossen anderer Warten waren die Oberwarter Streiter freie Menschen, sie waren auch von den meisten Steuern befreit und erreichten sogar einige Adelsernennungen. Ruhe hatten sie dadurch leider keine, dieser geographische Puffer litt stets unter Übergriffen der Bernsteiner, der Batthyány, deutscher und kaiserlicher Truppen, der Kuruzzen und nebst manchen anderen sogar der Steirer. Oberwart ist längst beruhigt, ein aufstrebendes Industrie- und Handelszentrum, wirkt aber heute etwas nüchtern.

Entlang der Pinka, einem heute kleinen, früher aber gefürchteten Gerinne, führt ein mit R 63 bezeichneter Radweg zur Nachbargemeinde *Unterwart*. Der Ort ist zweisprachig, das Ungarische mit dem Deutschen gleichberechtigte Sprache. Wenn Sie beim Gemeindeamt und der Volksschule Richtung Stegersbach und Oberdorf abbiegen, zeigt schon der Name, was Sie erwartet: ein Berg.

Es ist ein kleiner, dessen Auffahrt sich allerdings lohnt, denn die Folgestrecke bietet wunderbare landschaftliche Ausblicke. In *Ungerberg* (km 76,5), nach einigem Auf und Ab, halten Sie sich links, nach Neuberg, bei der Wegkreuzung „Zum toten Mann“ gerade drüber nach *Neuberg-Bergen* (km 82,5). Links der Geschriebenstein und rechts der Masenberg und die Ausläufer des Wechsel beeindrucken offensichtlich nicht nur die Radler, sondern auch alle jene, die sich hier schmucke Häuser errichtet haben. Die Ruhe ist den neuen Neuberg-Bergener Bürgern in dieser Oase gewiß.

In *Güttenbach* werden die Bremsen rauchen, eine neu asphaltierte Straße verbindet über ein 2 km langes Bundesstraßenstück (soferne Sie nicht irgendeinen der direkten Feldwege wählen) mit *Kohfidisch* (km 95). Der Ort ist bereits an den Einfahrten als „Weinidylle“ ausgeschildert. Wieso das? Diese Kennung mit den beiden sehr animierenden, einander zuprostenden Weingläsern wird Ihnen im Südburgenland mehrmals auffallen und bezeichnet landschaftlich besonders reizvolle Weinbaugegenden. Eine der schönsten und ursprünglichsten ist in Kohfidisch. Sie liegt versteckt im Wald und

ist nur auf einer in der Nähe des Schlosses vom Ort abzweigenden Stichstraße zu erreichen.
Links-rechts und asphaltiert durch den Forst geführt, öffnet sich 80 Höhenmeter höher und 2 km weiter auf einer Lichtung unvermutet eine andere Welt: ein riesiger, nach Süden offener Weinhang mit unzähligen kleinen Winzerhäusern und Weinkellern, der Weiler Tschaterberg/Csaterberg. Ein kleines Paradies. Nach diesem Abstecher zurück nach Kohfidisch. *Kohfidisch* (km 95) beweist durch sein Schloß, daß früher für derartige Prachtbauten mehr Geld da war. Derzeit verfällt das wuchtige Bauwerk (Sommer '92), nur ein Seitenflügel ist bewohnt.

Variante Wer auf Berg und Landschaftsblick verzichten möchte, gelangt teilweise auf der Radroute R 63 von Unterwart auch direkt, aber doch nicht ganz eben nach Kohfidisch: vorbei an *Rotenturm* mit seinem langsam zerbröselnden romantischen roten Schloß im Stil der Wiener Roßauer Kaserne, durch das endlos lange und urtümliche *Jabing* entlang der Pinka, vorbei an ehemaligen Säge- und Getreidemühlen, (nicht dem R 63 folgend) über einen kleinen Pflichthügel, dann ab *Rohrbach an der Teich* nur mehr bergab bis *Kohfidisc*h.

Wenden Sie sich von Kohfidisch nach *Badersdorf*, dort führt eine 15prozentige Steigung zu einer markanten Kreuzung 2 km weiter. Nicht hinunterzu, sondern, wie befürchtet, 100 m links und Richtung „Auffahrt Eisenberg" noch steiler hinauf (nur ganz kurz), erwartet Sie der Knüller: das *Kellerviertel von Eisenberg* (km 101).

• Es ist auch hier eine Kellergasse, die begeistert. Sie ist lang, fast 2 km, und völlig unüblich auf dem höchsten Punkt des Weinbergs gelegen.
Dieser Berg ist mit 400 m Seehöhe doch fast 200 m höher als die Umgebung. Entsprechend eindrucksvoll ist der Ausblick von der langen Kante: man sieht weit nach Ungarn, erkennt Körmend am Horizont an den Schloten der Industrie, die Gegend der Pinkataler Weinstraße und die enormen Wälder des Hügellandes bis Güssing.
Genau gegenüber in Ungarn liegen die Weinberge von Felsöcsatár/Oberschilding, die in C 3 beschrieben sind.
„Unser Wein schmeckt schon ein bisserl anders", so wollte mich ein sorgender Winzer vorwarnen. Er hatte natürlich recht.
Der lokale Traubenauszug weist einen deutlichen Bodengeschmack auf, was aber besonders bei den Roten ein angenehmes ortsspezifisches Charakteristikum ist. Entlang der Kellergasse dominieren heute die eher neueren Häuser, Buschenschank reiht sich an Buschenschank, und auf den südwärts gelegenen Terras-

sen ist die Gefahr groß, zu den typischen derben Imbissen etwas zu viel von den ebenso typischen Rebensäften zu erwischen. Macht nix, vom höchsten Punkt kann's ja nur hinunter gehen. Von Eisenberg (km 101) geht es weiter entlang der Route C 1 oder über Ungarn entlang C 3 und E.

B 3 Ritterburgen und Wehrstädte: Rund um den Geschriebenstein

Köszeg/Güns, Rechnitz, Lockenhaus und das Günser Gebirge

„Steckbrief"

Gesamtlänge zwischen 49 und 58 km, abhängig von der gewählten Route durch das Günser Gebirge. Alles auf Asphalt, auch für Rennräder mit guter Untersetzung geeignet. Schwierig, gesamte Höhendifferenz abhängig von der gewählten Route zwischen ca. 720 m und 1100 m (ohne Auffahrt zur Warte am Geschriebenstein). Anschlüsse an die Radrouten B 2, E, C 3
Routenführung Köszeg – Velem – Rechnitz – Geschriebenstein – Lockenhaus – Köszeg. Die Runde kann auf ungarischer Seite mit oder ohne Fahrt ins Zentrum des Günser Gebirges gewählt werden
Kartenmaterial Optimal: Köszegi Hegység/Günser Gebirge Turistatérkép 1:25.000 (in Köszeg erhältlich) und Österreichische Karte 1:50.000 Blatt 138 Rechnitz. Oder: Generalkarte Österreich 1:200.000 Blatt 2 und 5 und Ungarn 1:300.000

Die Kilometerangaben ab Velem orientieren sich an der kürzesten Variante. Hinweis für Weitwanderer: In Velem beginnt der „Kéktúra", der „blaue Weg", ein 1078 km langer Weg durchs ganze Land der Ungarn mit 26.380 m Höhendifferenz. Gar nicht übel.

Die Route

Die Beschreibung beginnt im Städtchen Köszeg/Güns. Dies deshalb, weil die beschriebene Runde in die Strecken B 3, C 3 und E gut eingebaut werden kann. Güns liegt nur 2 km von der österreichischen Grenze entfernt.
Köszeg und Wien haben eines gemeinsam: Beide Städte reklamieren für sich, den Ansturm der Türken gebrochen und somit das Abendland vor den Kriegern des Halbmondes gerettet zu haben. In beiden Städten werden schöne Geschichterln aus dieser Zeit erzählt: Wien wurde durch den Polenkönig Sobieski entsetzt, Köszeg durch den

Routenskizze B 3

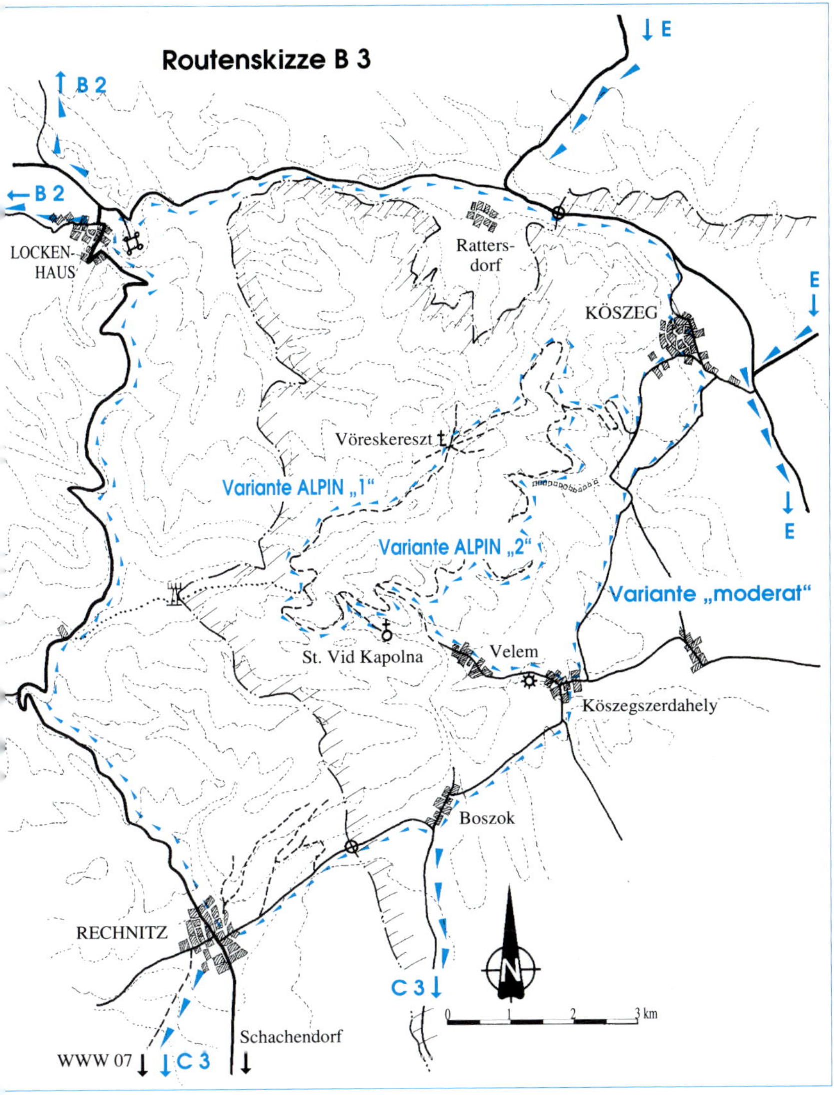

Burgkommandanten Miklós Jurisics verteidigt. Mit nur wenigen Getreuen hatte Jurisics dem Ansturm der Janitscharen unter Süleiman „dem Prächtigen“ getrotzt und damit Mitteleuropa gerettet. Soweit die Mär. Tatsache ist, daß sich die Türken vor dem nahenden Winter und dem inzwischen bei Wien gesammelten Heer zurückgezogen und statt dessen die Steiermark verwüsteten hatten. Auch nicht sehr vornehm. Die Bemühungen des Herrn Jurisics hatten übrigens nur aufschiebende Wirkung. Hundert Jahre später verwüsteten Kuruzzen und Haiduken die Stadt erst recht.

Köszeg wirkt heute etwas in der Zeit steckengeblieben, aber gerade das und die wohlproportionierten barocken Häuser der Altstadt sowie die Ruhe innerhalb des Altstadtringes machen die Stadt auf Anhieb sympathisch. Die Burg von Köszeg, die natürlich nach Jurisics benannt ist und vor der er als Bronzeabguß noch heute Wache schiebt, ist zu besichtigen. Sie beherbergt ein Museum zur Ortsgeschichte.
Auch der Hauptplatz, Jurisics tér, sorgt dafür, daß der wackere Ritter nicht in Vergessenheit gerät. Der stark unebene Platz wäre auch ohne diesen historischen Bezug bemerkenswert, er ist einer der schönsten Westungarns. Das Apothekenmuseum „Zum Goldenen Einhorn" mit der originalen barocken Einrichtung und dem riesigen Trockenboden für Heilkräuter sollten Sie sich nicht entgehen lassen, und auch andere Häuser mit den Sgraffito-Fassaden sind zum Teil zu besichtigen. Maulpertsch und Dorffmeister waren hier tätig und um die Ausschmückung der in Platzmitte gelegenen St.-Emmerich-Kirche bemüht.
Köszeg schmiegt sich an die „Rechnitzer Schieferinsel", um ganz genau zu sein, was aber nur die geologisch exakte Bezeichnung für das Günser Gebirge ist. Und wirklich ragt der Geschriebenstein, der Gipfel dieser „Insel", als mit 884 m höchster Punkt des Burgenlandes deutlich aus der umgebenden Hügelmasse. Der Berg ist von beiden, von ungarischer und österreichischer Seite zu erradeln.
Der nächste Ort auf der Runde um das Günser Gebirge ist *Velem*, den Sie alpin oder moderat erreichen können:

- *Variante „alpin"*
  Über den Geschriebenstein nach Velem

Von Ungarn ist die Auffahrt auf den *Geschriebenstein* ein Leckerbissen für Bergradler. Der Weg durch dichten Wald folgt den ehemaligen Militärstraßen im Grenzgebiet, die bis 1989 nur den Patrouillen im damals strikt für Ausländer verbotenen Grenzstreifen vorbehalten waren.
Die Auffahrt beginnt in *Köszeg* (km 0) Richtung „Park Hotel" und „irott-kö" beschrieben (so heißt der Geschriebenstein auf ungarisch). Wählen Sie im Zweifel immer die bergauf führende Straße. Einige hundert Meter nach der Einfahrt zum Park Hotel beginnen die Serpentinen durch die Wochenendsiedlungen, an einem neu gebauten Hotel vorbei mit schönem Blick auf Köszeg. Bei einer Telefonzelle (km 3,5) und der Tafel „latex üdülö" bleiben Sie geradeaus und fahren in ein Naturschutzgebiet aus Laub- und Nadelwald. Einen Kilometer weiter (km 4,5) überrascht die Bergstation eines Skilifts, an der folgenden Kreuzung müssen Sie sich entscheiden:

- *Variante „alpin 1"*
  Links nach Velem und von dort im Stich auf den Gipfel

Die Variante „alpin 1" Richtung Velem führt mit kurzen und giftigen Steigungen im wesentlichen entlang einer Höhenschichtlinie durch einen lichten Mischwald auf einer durchasphaltierten Straße mit geringem Ausflugsverkehr. Fünf Kilometer nach der Abzweigung, bei km 9,5, können Sie wählen: links hinunter nach Velem (km 11,5) oder geradeaus Richtung „írott-kö" zur Kapelle im Wald und auf den Geschriebenstein. Bis zum Parkplatz unter dem Gipfel liegen noch 280 Höhenmeter vor Ihnen, bis zum Gipfel sogar 430. Die Gegend ist in der folgenden Variante beschrieben, vom Parkplatz müßten Sie wieder die gleiche Strecke zurück.

- *Variante „alpin 2"*
  Geradeaus auf der ehemaligen Militärstraße zum Gipfel

Die Variante „alpin 2" geradeaus ist nicht minder romantisch. Noch einen Kilometer weiter (km 5,5) folgt die nächste Kreuzung, wo unser Weg links hinaufführt, mit einem markanten Hindernis: ein Schranken und eine Fahrverbotstafel. Ich beschreibe den Weg dennoch, weil er erstens von ungarischen Radlern häufig befahren wird, dies also geduldet ist, und ich zweitens davon ausgehe, daß ein Radler wesentlich besser in die Landschaft paßt als seinerzeit die Panzer. Ob Sie dieser Überlegung folgen, entscheiden Sie bitte selbst. An Ihrem Verhalten wird es auch liegen, ob die Radlerei im Grenzgebiet weiterhin geduldet wird.
Also am Schranken vorbei, immer auf der besseren Straße bleibend, durch den einsamen Wald bis zu einem roten Kreuz an der markanten Wegkreuzung „Vörös kereszt". Es ist ein schöner Aussichtspunkt mit einer Bank zum Ausruhen, fehlt nur der Würstelstand. Bleiben Sie auf der Asphaltstraße geradeaus, nicht rot oder blau markiert abweichen. Die Zivilisation kündigt sich an, eine Niederspannungsleitung folgt der Straße, und bei km 9,7 nehmen Sie den linken Weg leicht bergauf. Das Steinhaus nächst der Quelle zum „Hörmann forrás" (km 11), bei der ein gewisser Mihály Hörmann 1621 aus irgendwelchen Gründen lebendig gehäutet wurde, ist eine Herberge, und bald danach ist die Abzweigung zum „irott-kö", dem Geschriebenstein, markiert. Wenn Sie hier abbiegen, sind noch 150 Höhenmeter zu bewältigen, und vielleicht schaffen Sie das alles mit dem Radl. Am Gipfel belohnt eine Warte, die genau durch die Grenze geteilt wird und übrigens von der österreichischen Seite weit bequemer zu erreichen ist.
Einen genauso schönen Rundblick haben Sie auch, wenn Sie nicht zum „irott-kö" hinauf, sondern noch 500 m bis zu einem Parkplatz

weiterfahren. An Sommerwochenenden finden sich hier auch ambulante Getränke- und Keksverkäufer ein, so daß beim Blick auf Velem und die Ebene auch der Magen beruhigt wird.
Ab dem Parkplatz herrscht wieder Ausflugsverkehr, und nun geht's nur mehr runter, zumindest bis zur Abzweigung zur „Szent Vid kapolna" (km 14), einer Kapelle mitten im Wald, die über eine kurze abenteuerliche Waldstraße zu erreichen ist. Vor diesem barocken Gotteshaus im Tann mit den Ausmaßen einer kleinen Kirche sind die nächsten fliegenden Händler zu finden. Nicht Rosenkränze oder andere Devotionalien werden hier angeboten, sondern für den Radler Praktisches. Zwei zahnlose Greise verkaufen Riegel, Schokolade und Drops, aber auch Coke und sogar deutsches Renommier-Bier in der Flasche.
Eine Kreuzung bei km 17 weist rechts nach Velem (links ginge es zurück zum Skilift bei Köszeg), und bald rauschen Sie am Hotel Avar vorbei in *Velem* ein (km 17).

• *Variante „moderat"*
Durch die Obst- und Weingärten nach Velem

Verlassen Sie *Köszeg* Richtung Velem und Bozsok. Die Straße führt an den Hängen des Geschriebenstein über welliges Terrain. Links sind die Brombeer- und Obstplantagen, rechts ziehen sich die Weinfelder den Hang hoch. Es dominieren die „Handtuchgärten", schmale, aber lange Weingärten, die liebevoll als Hobby und als bescheidenes Zubrot kultiviert werden. Nach 6 km erreichen Sie *Köszegszerdahely*, zweimal rechts abbiegend kommen Sie nach Velem.

• Der Ort *Velem* (km 8,4) am Hang des „irott-kö" ist umgeben von Wein- und Obstgärten und wirkt so ruhig wie ein riesiges Freiluftsanatorium. Velem ist recht alt, in der Gegend wurden Reste bronzezeitlicher Besiedlung entdeckt. Eine Besonderheit der Region ist das *Wassermühlen-Museum* von Velem-Köszegszerdahely. Das von einem winzigen Bacherl oberschlächtig gespeiste Mühlrad wird für Gruppen, aber auch für besonderes Interesse heuchelnde Einzelreisende in Betrieb genommen. Die reet(schilf-)gedeckte, nicht ganz originale Anlage im idyllischen und kühlen Garten ist der optimale Ruheplatz nach der rasanten Talfahrt, eine Quelle zum Auffüllen der Wasserflaschen gibt es auch.

Um die Runde um das Günser Gebirge fortzusetzen, wenden Sie sich nach *Köszegszerdahely* und von dort nach *Bozsok* (km 13,5). Der Ort war bis zur Errichtung des Grenzüberganges 1991 ein Blinddarm, er lebt erst jetzt durch den kleinen Grenzverkehr ein wenig auf (offiziell nur für Ungarn und Österreicher, Bürger anderer Staaten müssen die in Kapitel C 3 vorgeschlagene Route über Bucsu/ Schachendorf wählen, falls man sie nicht doch durchläßt). Gleich nach der Grenze in Österreich fällt ein riesiger Hang mit Weingärten auf der Südostseite des Geschriebenstein auf. Da können Sie durchradeln, wenn Sie gegenüber vom Friedhof vor Rechnitz einen Wirtschaftsweg hochfahren. Und wenn Sie den darüberliegenden Weg zurück wählen, kommen Sie direkt ins Zentrum von *Rechnitz* (km 18,3).

Köszeg hat seinen mittelalterlichen Charakter bewahrt

- Auch ohne Ausflug in die Weingärten, geradeaus weiter, muß *Rechnitz* hart erkämpft werden, denn es liegt am Hang. Der königliche Dienst scheint früher gut besoldet gewesen zu sein, denn Matthias Corvinus, der legendäre Ungarnkönig des 15. Jahrhunderts, vermachte den ursprünglich aus einem „Deutschmarkt" und einem „Ungarmarkt" bestehenden Ort an seinen Geschützmeister Jakob Margenwerder.
  Der Ort hatte seine erste Blütezeit als Markt unter einem kunstsinnigen Zweig des Grafengeschlechtes Batthyány. Die Grafen hatten Rechnitz dem Schlaininger Paumkirchner abgeknöpft und hier ein Schloß errichtet, damit einen kulturellen Mittelpunkt des Landes geschaffen. Prinz Eugen gefiel es hier, und für den wirtschaftlichen Aufschwung sorgte eine starke jüdische Gemeinde, die mit dem Dritten Reich verschwand. Auch das gewaltige, über 200 Zimmer zählende dreistöckige Schloß, in dessen weiträumigem Hof ein Husarenregiment exerzieren konnte, überlebte den Krieg nicht. Es wurde zerstört und geschleift. Fast nichts ist

übriggeblieben auch von der alten römischen Wasserleitung vom Günser Gebirge nach Szombathely, das immerhin gut 15 km entfernt ist.

(Hinweis: Falls Sie die Pinkataler Weinstraße gemäß Route C 1 fahren wollen, bietet sich nun als Verbindung der Radweg R 56 an. Er verläßt Rechnitz am westlichen Ortsausgang gut markiert gemeinsam mit dem Weitwanderweg 07 und führt über Feldwege und kurz auf der Bundesstraße durch Schandorf und Burg nach Eisenberg. Entfernung Rechnitz–Eisenberg ca. 14 km auf dem R 56.)

Rechnitz ist natürlich längst wieder Zentrum der Region. Überlebt haben erfreulicherweise auch die Buschenschanken nördlich des Ortes, links und rechts der Straße auf den Geschriebenstein. Sie bieten standorttypische Weine an, besonders Welschrieslinge und Blaufränkische.

Die so verwirrend wie interessante Geologie der Folgestrecke über den *Geschriebenstein* mit seinen Gesteinsschichten aus Phylliten, Grünschiefern und Amphiboliten über Albitgneisen wird Sie vermutlich angesichts der bevorstehenden 450 Höhenmeter relativ kaltlassen. Sie benützen jetzt bis Lockenhaus den beschilderten Radweg „R 56“. Die Strecke ist nicht allzu schwer, die Straße gut ausgebaut, was das Radeln erleichtert, aber auch Verkehr anzieht. Man ist hier Radler schon gewöhnt, die Bankette sind auch meist angenehm breit. Am höchsten Punkt der Straße lockt nicht nur ein Gasthaus (km 26), sondern genau gegenüber auch die Auffahrt zur *Warte* auf dem Gipfel. Der Weg ist mit entsprechender Rücksicht auf Wanderer befahrbar. Viele Ungarn sind hier anzutreffen, die sich ihrer Grenze mal von der anderen Seite nähern wollen. Das erklärt auch die zahlreichen ungarischen Autos auf dem riesigen Parkplatz beim Gasthaus. (Von der Warte km 27,6, dem höchsten Punkt des Burgenlandes und Westungarns zugleich, könnten Sie theoretisch direkt zur vorher beschriebenen Hörmann forrás auf der ungarischen Seite gelangen.) Nach Lockenhaus geht’s jetzt auf der Straße nur mehr hinunter, durch einen lockeren Laubwald, und auf enger gewordener Straße findet man sich recht plötzlich im Zentrum von *Lockenhaus* (km 38,4).

- Mit dem Ortsnamen verbindet man sofort die *Burg Lockenhaus*, und mit ihr je nach Interessenlage Gidon Kremer mit seiner Geige, das Ritteressen im Burgkeller oder die Berichte und Sagen über die ehemalige Burgherrin Erszébeth Nádasdy, das bislang blutrünstigste Scheusal der Region. Für derartige Attraktionen rentiert sich die kurze steile Auffahrt zur etwas außerhalb des Ortes gelegenen Burg.

Schon von außen erinnert das Gemäuer, um das zwischen verschiedenen Geschlechtern erbittert gestritten und gekämpft wurde, an die klassische Ritterburg von Prinz Eisenherz, und am verschachtelten Inneren ist zu erkennen, daß mehrere Bauherren am Werk waren. Die Rauchküche fällt zuerst auf, insbesondere dann, wenn ein Spanferkel gerade über dem offenen Feuer rotiert. Einem angeblichen Ritterbrauch folgend, wird der Braten dann im riesigen Speisesaal ohne Besteck verzehrt, was, wie mir Feinspitze erzählten, nach erster Überwindung und nach wenigen Vierteln Wein nicht schwerfällt. Derart gelabt, locken die nächsten Geschosse mit einer Ausstellung zur Geschichte des Burgenlandes.
Sehr interessant sind die alten Ortsansichten von Gegenden, durch die Sie vielleicht soeben geradelt sind. Nochmals einen Stock höher befindet sich der Festsaal. Hier finden die berühmten Lockenhauser Konzerte statt, die auf Initiative des Pfarrers gegründet und von Gidon Kremer geleitet werden. Weiters zu besichtigen: ein Gedenkraum an den Schriftsteller und ehemaligen Burgbesitzer Paul Anton Keller, weiters die in einer Ritterburg unvermeidliche Waffenkammer, dazu ca. 150 Jagdtrophäen aus dem ganzen Burgenland, aus Kärnten und der Wechselgegend. Schließlich werden Sie auch das höchste Kammerl des Bergfrieds erklommen haben. Jetzt fehlt nur noch die Folterkammer, die gibt's im Keller. „Eiserne Jungfrauen", in denen die Opfer mit Stahlspitzen durchbohrt wurden, Richtbeile, Halseisen, Schandfideln und andere Errungenschaften mittelalterlicher Zivilisation sind hier ausgestellt und verweisen auf die schon genannte perverse Burgherrin des 16. Jahrhunderts.
Auch außerhalb der historischen Ritteressen gibt es ein Restaurant in der Burg, und falls Sie einmal in einer Burg übernachten wollen – es gibt auch ein Hotel.
Lockenhaus wurde in letzter Zeit schön herausgeputzt, der Hauptplatz mit etwas viel Beton und Stein neu angelegt, die darüber dominierende barocke Kirche wird Kunstfreunde ansprechen.

In Lockenhaus treffen drei markierte Radwege zusammen:

- der „B 41" als Fragment Richtung Kirchschlag nach Nordwest
- der „R 50" Richtung Oberpullendorf und Mattersburg nach Nord
- der „R 56" Richtung Rechnitz und Güssing nach Süden

Keiner der drei Wege ist für die hier beschriebene Tour günstig, denn Köszeg liegt als Ziel der Etappe im Osten. Der durch Lockenhaus fließende Bach heißt „Güns“, er deutet damit schon auf das nahende Ende der Runde. Leicht fallend ist die Tendenz durch das bewaldete Tal. Vier Kilometer nach Lockenhaus bildet der Bach auch schon die Staatsgrenze, und vielleicht fallen Ihnen die Unterstände des grenzsichernden österreichischen Bundesheeres auf. Den Paß müssen Sie bei km 47 präsentieren, und zwei Kilometer weiter sind Sie wieder am Hauptplatz von *Köszeg* (oder im Biergarten neben der Burg), von wo aus die Rundfahrt begonnen hat (km 49).

Wie weiter?

- Nach Szombathely auf der Route E
- Den Grenz-Weg entlang nach Abschnitt C 3

C Südburgenland und das Komitat Vas

C 1 Die Pinkataler Weinstraße

Von Eisenberg nach Güssing

„Steckbrief"

Gesamtlänge ca. 36 km ohne Ausflüge in die Weinberge. Der Radweg verläuft auf kurzen Bereichen über Naturwege, ein Tourenrad ist ausreichend. Meist Nebenstraßen. Pflicht für Weinfreunde
Routenführung Eisenberg – Höll – Eberau – Heiligenbrunn – Güssing
Kartenmaterial Optimal: Österreichische Karte 1:50.000 Blatt 167 Güssing, Blatt 168 Eberau. Oder: Generalkarte Österreich 1:200.000 Blatt 5

Von Weinberg zu Weinberg geht die Tour. Es sind zwar keine echten Berge, aber doch Hügel, die sich entlang der Strecke zu einigen Dutzend Höhenmetern summieren. Die Strapazen lohnen nicht nur für Weinfreunde, die hier Qualitätsweine verkosten können, wie sie, wenn überhaupt, sonst nur in Spitzenlokalen zu bekommen sind. Auch Naturfreunde haben etwas von der Strampelei, denn die Weinberge entlang der Pinka sind Landschaftsschutzgebiete. Der gut beschilderte Radweg R 56 leitet durch die Gegend, von der Sie mehr mitbekommen, wenn Sie ihn hin und wieder für Ausflüge in die Weinberge, animierend „Weinidyllen" genannt, verlassen. Der Weinbau prägt die Landschaft durch die Kellerviertel und die vielen kleinen, vielfach hölzernen Preßhäuser. Warum gibt es gerade hier so viele? Ganz einfach: Die Parzellen sind klein und schmal, der Weinbauer bearbeitet im statistischen Durchschnitt nur ein Sechstel Hektar Weinbaufläche. Das Produkt lohnt die Mühe dennoch. Testen Sie!

Die Route

Das Kellerviertel von *Eisenberg* (km 0) als Ausgangspunkt ist selbst ein einziger riesiger Weinberg und über die Routen B 2 oder B 3 (von Rechnitz aus) zu erreichen. Der nach Süden offene hufeisenförmige Hang mit der Kellergasse an der Kante ist in B 2

Routenskizze C 1

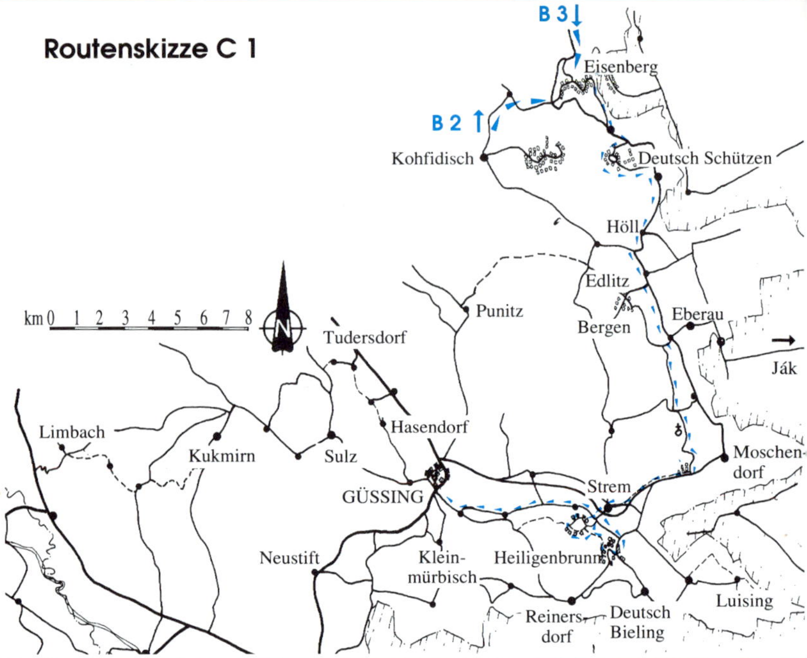

beschrieben. Eine rauschende und vermutlich auch berauschte Abfahrt auf der markierten Radroute R 56 führt knapp an die Grenze zu Ungarn und durch den eigentlichen Ort Eisenberg (km 3,5), 150 m tiefer. Die nächste Weinidylle erwartet Sie, wiederum offiziell beschildert, sie führt in die Weingärten von *Deutsch Schützen*, wenn Sie vom Radweg R 56 abweichen. Die Aussicht ist wieder grandios, Wochenendhäuser, aber auch die ersten strohgedeckten Winzerhäuser tauchen auf. Warum findet man Wein hier nur auf den Hügeln? Die Antwort lautet: Die Tallagen sind zu kostbar, dort wachsen Getreide und Kukuruz. Auch der in der Ebene gelegene Ort Deutsch Schützen hat ein schönes Ortsbild, besonders wenn im Frühjahr eine endlose Allee rosa blühender Zierbäume die nüchternen Peitschenleuchten etwas abdeckt.
Die Grenze ist sehr nahe. Auf ungarischer Seite liegt direkt gegenüber *Pornóapáti* (siehe Routenbeschreibung C 3), das sich im Grenzsicherungsstreifen befindet, der bis 1990 nicht zugänglich war. Gesichert wird diese Grenze noch immer, auch auf österreichischer Seite, die Miliz bewegt sich bereits umweltbewußt auf dem Dienstfahrrad. Mit der linken Hand die Flinte und abwechselnd mit der rechten Hand das Funkgerät am Verrutschen hindernd, wird standesgemäß auf einem originalen Waffenrad Streife gefahren.
Ab *Höll* und etwas weiter ab *Winten* (km 12) verläuft die Radroute am Hang, einem durchgehenden Weinhang, bis Moschendorf. Mit

Eigeninitiative sind mehrere Wege durch die Weinberge zu finden, z. B. wenn Sie in Winten bei der Kirche hochfahren.
Nach *Eberau* (km 13,5) mit seinem riesigen Wasserschloß ist es ein lohnender Abstecher. Schloßartig sind nur mehr die Dimensionen des Bauwerkes, die Außenfassade und der umgebende Park haben viel Prunk eingebüßt. Wasser gibt's noch in den ehemaligen Burggräben, sie dienen längst nicht mehr der Verteidigung, sondern sind Biotop und Lebensraum für Kröten und andere Wasserbewohner. Ein Teil der Anlage, die ehemaligen Wirtschaftsanlagen, werden

Zwischen Eisenberg und Deutsch Schützen: Optimal für Radler

von Nachfahren des Erzbischofs Bakocs bewohnt, der sich nach seinem Geburtsort Erdöd später Erdödy nannte. Dessen Nachkommen nannten sich später sogar Erdödy de Monyorókerék, das bedeutet angeblich „runder Haselbusch" (so hieß der Ort, was auf das urwaldartige Dickicht in den Auen der Pinka hindeutet).
In Eberau könnten Sie zwischen 6 und 22 Uhr auch auf ein originales Gyulás nach Ungarn hinüberwechseln, soferne Sie Ungar oder Österreicher sind. Seit 1991 gibt es hier einen Übergang nach *Szentpéterfa/Prostrum/Petrovo Selo*, einer dreisprachigen Gemeinde. Auch Ják ist nur 13 km entfernt (siehe Abschnitt C 3). Im 11. Jahrhundert gehörte Eberau auch dem Herrn von Ják, einem gewissen Wenzelinus von Wasserburg aus Bayern.
Hölzerne Winzerhäuser am Hang von Kulm bis Moschendorf machen klar, warum der Weg „Weinstraße" heißt. Da hier in der Gegend alles mit dem Wein zusammenhängt, verwundert auch nicht die dem edlen Rebensaft gewidmete Kirche *Maria Weinberg* (km 19,5). Sie liegt gut sichtbar auf der Geländekante, natürlich inmitten eines

Weinberges, und gilt als schönstes Marienheiligtum des Südburgenlandes. Eine Gedenktafel erinnert an die zu Tausenden nach Amerika ausgewanderten Burgenländer. Ihnen dürfte nicht nur der Blick von Maria Weinberg in die umgebenden Hügel und die ungarische Ebene abgegangen sein.
Am Ende der Weinstraße, nahe *Moschendorf* (km 21,5), resümiert ein kleines Weinbaumuseum bisher Erlebtes. Es ist ein Freiluftmuseum, das mit originalen Preßhäusern und Gerätschaften einen Überblick über die bodenständige Weinbereitung gibt.

Idyllische Weingärten und -keller laden zu einer Weinprobe

Von Moschendorf führt der vom Verkehr getrennt angelegte Radweg R 56 Richtung Güssing vorerst durch den Moschendorfer Wald. In *Strem* sollten Sie die Abzweigung nach Heiligenbrunn (km 26,5) einschlagen. Nicht der Ort ist den Umweg wert, sondern die Preßhäuser sind es im *Kellerviertel von Heiligenbrunn.*

- „Wollen S' den wirklich trinken, oder soll ich Ihnen einen anständigen Wein bringen?" lautete die Frage eines Weinbauern im Kellerviertel, den ich um ein Glas „Uhudler" gebeten hatte. „Nur zum Kosten", hatte ich eilig angehängt, denn das war vor einigen Jahren, als der Uhudler für den Ausschank noch verboten war. Die Situation hat sich geändert. Ein ehrlicher Wirt mag die Frage heute zwar noch genauso stellen, aber die Praxis ist doch meist eine andere geworden. Der Uhudler wurde zum österreichischen Modewein der 90er Jahre, er wird nur hier und in den Nachbargemeinden gekeltert, und ist, wenn überhaupt, auch nur hier sinnvoll zu trinken (siehe Abschnitt C 2.1). Das liegt sicher auch daran, daß in Heiligenbrunn einfach alles zusammenpaßt. Das Kellerviertel gehört zu den größten und schönsten Österreichs und weist dennoch keinerlei Anzeichen von Gigantomanie auf. Im Gegenteil! In den ursprünglichen Bereichen gibt es bis heute nur Sandwege, viele Häuser sind schilfgedeckt, ebenso viele sind noch als originale Buschenschänken in Betrieb.

Von Heiligenbrunn führt der Radweg nach Güssing an der Abzweigung zu den *Stremer Berghäusern* vorbei, wiederum ein Weinberg (der „Lahmberg“), idyllisch im Wald gelegen, und wiederum lohnt die Auffahrt, diesmal aber mit hundert Höhenmetern.
Ab *Sumetendorf* ist bereits der charakteristische Basaltkegel von Güssing mit der Burg zu sehen, auch das der Archetyp einer Burg am Ende dieser Route. *Güssing* (km 36) ist in Abschnitt C 2 beschrieben.

Wie weiter?

- Die Route C 2 rund um Güssing bietet sich an, oder
- von Güssing in die Oststeiermark über die Routen C 2, C 5 und D 1

C 2 Wein, Schnaps und Äpfel

Güssing, Heiligenbrunn und Fürstenfeld

„Steckbrief“

Gesamtlänge und *Routenführung* drei Schleifen von Güssing ausgehend:

- C 2.1 Schleife „Heiligenbrunn und Luising“ ca. 38 km, Tourenräder. Route: Güssing – Glasing – Stremer Berghäuser – Heiligenbrunn – Luising – Deutsch Bieling – Reinersdorf – Inzenhof – Güssing
- C 2.2 Schleife „Fürstenfeld“ ca. 63 km, auch für Rennräder. Route: Güssing – Sulz – Kukmirn – Limbach – Unterberg – Rudersdorf – Fürstenfeld – Dietersdorf – Deutsch Minihof – Heiligenkreuz – Güssing
- C 2.3 Schleife „Pinkatal“ ca. 35 km, Tourenräder. Route: Güssing – Glasing – Strem – Moschendorf – Kulm – Punitz – Güssing

Kartenmaterial Optimal: Österreichische Karte 1:50.000 Blatt 167 Güssing, Blatt 168 Eberau, Blatt 193 Jennersdorf; „Radwege Güssing, B 60 West, B 61 Ost" 1:50.000

Die Region Güssing hat sehr schöne Radrunden um die Bezirkshauptstadt ausgeschildert. Ich empfehle, die Gegend von Güssing aus in drei Schleifen zu erkunden, die diesen Radrouten weitestgehend folgen. Es sind mit Ausnahme der „Heiligenbrunn-Luising-Schleife" durchaus anspruchsvolle Touren. Sehr erleichtert wird die Orientierung durch die oben genannte „Radwege-Karte Güssing". Sie ist erhältlich z. B. beim FVV Güssing, 7540 Güssing, Hauptplatz 4, Tel. 03322/2515.
Die im Titel genannten Genüsse „Wein, Schnaps und Äpfel" sind die Besonderheiten der beschriebenen Region.
Güssing ist zu erreichen über die Routen C 1 und E mit Anschluß über C 2.2. Die nächste Bahnstation ist Heiligenkreuz/Mogersdorf oder Fürstenfeld.

Die Routen

Güssing, als Ausgangspunkt im Zentrum der drei Schleifen gelegen, dominiert auch topographisch. Der hundert Meter über das umgebende Niveau ragende Vulkankegel mit der markanten Burg und dem noch markanteren Blechdach auf dem Bergfried ist nicht zu übersehen und läßt auf eine unruhige Vergangenheit schließen. Stimmt.
Als Grenzfestung wurde schon im 12. Jahrhundert eine Holzburg als Gegenstück zur nicht weit entfernten steirischen Riegersburg errichtet und kurz später in Stein verstärkt. Die hier residierenden Grafen von Güssing wollten sich im 13. und 14. Jahrhundert weder von der österreichischen noch von der ungarischen Seite einverleiben lassen, sondern strebten ein eigenes Fürstentum an, was besonders den Habsburgern mißfiel.
Kurzum, es wurde heftig gestritten um das Gemäuer auf dem Basaltspitz, und die Besitzer wechselten von den Steirern zu den Habsburgern, zum ungarischen Königshaus, zum siebenbürgischen Wojwoden Ijlaki und schließlich zum Obermundschenk am ungarischen Hof, Franz Batthyány. Dieser Familie gehört das erst in letzter Zeit renovierte Gemäuer noch heute. Es beherbergte 1990 und 1992 die Burgenländische Landesausstellung. Sie werden von der Größe der Anlage überrascht sein. Die Freianlage erinnert an ein Fort in italienisch-französischer Bauweise, über eine Rampe kommt man in die Burg. Ritterzauber, aber auch landeskundliche Exponate erwarten den Besucher.

Routenskizzen
C 2.1 + C 2.2 + C 2.3

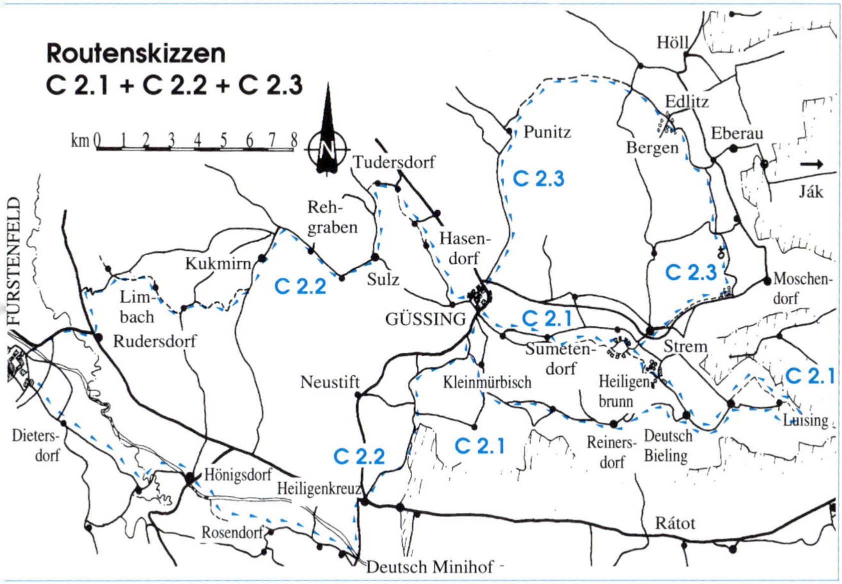

Die Stadt Güssing selbst duckt sich im Norden an den Burgberg, umschlingt ihn geradezu. Mehrere erst in jüngster Zeit restaurierte Bürgerhäuser und das Franziskanerkloster lohnen den kurzen Rundgang.

C 2.1 Schleife „Heiligenbrunn und Luising“

Von *Güssing* (km 0) leitet der Radweg B 61 zu den Weinbergen. Die markierte Strecke verläßt die Stadt im Süden Richtung Glasing und Heiligenbrunn. In *St. Nikolaus* (km 1) bleiben Sie auf dem B 61 und kommen in leicht hügeliges Gebiet. Nach *Glasing* verpassen Sie nicht die Abzweigung in den Güterweg! Der Anstieg zum „Hamerlberg“ bringt 100 Meter Höhengewinn gegenüber Güssing und einen entsprechend schönen Rundblick. Auch die Weingärten mit den charakteristischen kleinen Winzerhäusern tauchen schon auf. Bei den im Kahlschlag gelegenen *Stremer Berghäusern* (km 7) führt eine Kellergasse rund um den „Lahmberg“ und bereitet vor auf die folgende Anlage in Heiligenbrunn. „Weinidylle“ ist der richtige Ausdruck für das unter Landschaftsschutz stehende *Kellerviertel von Heiligenbrunn* (km 9).

- Es ist nicht nur ein Viertel, sondern eher ein kleines, baumbestandenes Dorf, bestehend aus 80 Preßhäusern und Erdkellern. Die meisten der schon 200 Jahre alten Bauten aus lehmbeworfener Holzkonstruktion sind noch in ihrer ursprünglichen Form erhalten, mit Schilfdächern, Erdböden und als Preß-

häuser, Speicher oder, leicht modifiziert, als Buschenschänken, die in Betrieb sind. Verkauft wird Deftiges: Verhackertes auf Bauernbrot, Zwiebel für die Durchlüftung, Stangenkäse als Abschluß. Der Wein kommt aus den kleinen, schmalen, meist im Nebenerwerb oder als Hobby betriebenen Weinfeldern, die das Kellerviertel umgeben. Hier erwartet Sie (soferne Sie zu den mutigeren Typen zählen) die angebliche österreichische Weinsensation des ausgehenden 20. Jahrhunderts. Sie wird in den Weingärten rund um Heiligenbrunn und in seinen unmittelbaren Nachbargemeinden als eine Spezialität gekeltert, die erst in den letzten Jahren zu einer solchen hochstilisiert wurde: der „Uhudler". Der auf den ersten Schluck nicht sofort mit Wein in Zusammenhang zu bringende Trunk darf seit kurzem in keinem In-Lokal, bei keiner Yuppi-Party fehlen. Für den Namen „Uhudler", der zurecht Bodenständiges ankündigt, gibt es mehrere Deutungs- und Erklärungsversuche, genauso wie für den Geschmack dieses neuen Modeweines. Eine ausgeprägte „Erdbeernase" oder ein deutliches „Blütenaroma" konstatieren Experten, und in der Tat kann auch Ihr Gewürzprüfer Ungewöhnliches, Neues feststellen.
Der Uhudler ist ein Verschnitt aus verschiedenen Direktträgern, also unveredelten Reben, die den Überfall der Reblaus im 19. Jahrhundert gleichermaßen überlebt haben wie die Rodungsvorschriften nach den bisherigen Weingesetzen. Der Wein existiert entsprechend der Mischung und den verwendeten Rebsorten in verschiedenen Färbungen und Geschmacksrichtungen, die den breiten Bereich von „resch" bis „sauer" abdecken. Als „Rabiatperle", „Blindmacher" und „5-Männer-Wein" (vier halten, der fünfte trinkt) war der Uhudler bislang verschrien. Sein angeblich übermäßiger Gehalt an Methylalkohol lasse den freudigen Trinker schon nach zwei Jahren an den Kauf eines Blindenhundes denken, heißt es, auch gelegentliche Wirtshausraufereien und Sanitätseinsätze seien darauf zurückzuführen.
Der Uhudler war somit für den Verkauf verboten, wurde nur unter der Hand vertrieben und kam im Doppelliter, im „Zwimandl", auf den geheimen Markt. Mit einer Novelle von 1992 zum Weingesetz änderte sich das schlagartig, der Uhudler wurde legalisiert. Der resche ehemalige Haustrunk ist seitdem in Mode, er verkauft sich, häufig in Tonplutzern abgefüllt, ausgezeichnet. Es gibt schon zuwenig Uhudler.
Und woher kommt der Name? Die Alt-Wirtin des Hotels in Heiligenbrunn hat eine ernüchternde Erklärung: Ein nichteinheimischer Volkskundler, der vor Jahrzehnten die Gegend erforscht und an dem damals noch völlig unbeachteten Getränk

Gefallen gefunden hatte, habe den Wein, für den es noch gar keinen eigenen Namen gegeben hatte, mit den Worten geordert: „Geh, bringt's mir noch ein Glasl von eurem U-hudler!" Nicht schlecht, die Geschichte, vielleicht stimmt sie.
Heiligenbrunn profitiert von seinem gepflegten Kellerviertel. An verlängerten Wochenenden oder zur Lesezeit sind die Fremdenzimmer voll.

Über *Deutsch Bieling* führt der Radweg B 61 nach *Hagensdorf* (km 14), wo der „Schwabenhof" daran erinnert, daß vor mehreren hundert Jahren auf ihrem Treck in den Südosten auch Schwaben hier hängengeblieben sind. Der Ort wirkt so wie der nächste, *Luising* (km 16), auch wirklich eher nach deutscher Manier extrem gepflegt, die Rasenstücke vor den Hauseingängen scheinen wie täglich frisiert. Sie radeln jetzt durch eine Gegend, die entsprechend den Friedensverträgen nach dem Ersten Weltkrieg eigentlich zu Ungarn gehören sollte und erst nach einer sehr bestimmt vorgebrachten Resolution zu Österreich kam. Diesen Zipfel Österreichs fährt der B 61 ganz aus. Auch hier ist die Grenze militärisch bewacht. So wie im Raum um Sopron rechnet man mit organisiertem Menschenschmuggel. Vorbei an einem naturgeschützten, für unbedarfte Bio-Banausen eher unspektakulären Wiesenstück und am Kanal der Pinka entlang, kommen Sie wieder nach Luising und über Feld und Flur zurück nach Hagensdorf (km 21).
Für die Rückfahrt nach Güssing bietet sich die Anfahrtsroute auf dem B 61 an, oder eine genauso interessante Strecke über die Berge im Grenzbereich zu Ungarn. Dazu wählen Sie in Deutsch Bieling (km 23,5) die bei der Kirche abzweigende Straße steil hinauf, Richtung *Reinersdorf*. Ca. 70 Höhenmeter sind zu überwinden, bei einer Kapelle können Sie auf dem Sitzbankerl verschnaufen. Auf dem Asphaltweg rechts verläuft die Strecke weiter durch einen lichten Wald nach Reinersdorf (km 28). Hügelig geht die südburgenländische Grenzlandfahrt hinauf nach *Großmürbisch* (km 31), bei km 34 finden Sie schon den Wegweiser nach Güssing, das Sie nach einem kurzen Hügel 38 km weiter erreichen. (Dem Hügel können Sie ausweichen, wenn Sie in Kleinmürbisch in den Güterweg beim Wegkreuz einbiegen und dann erst den letzten Kilometer auf der Hauptstraße abrollen.)

C 2.2 Schleife „Fürstenfeld"

Die kürzeste Strecke von Güssing nach Fürstenfeld ist hier nicht angegeben, sondern eine optimale für Radler. Verlassen Sie *Güssing* (km 0) genau nach Westen an den Fischteichen vorbei Richtung

Fürstenfeld. Gleich nach dem Freibad ist die Straße rechts ab nach *Krottendorf* (km 1,5) die richtige. Kurz vor *Hasendorf* treffen Sie auf den Radweg B 60, der weiterleitet, und *Sauerberg* (km 5) muß mit 100 Höhenmetern erkämpft werden. Dafür ist die Aussicht wieder prächtig. *Kroatisch Tschantschendorf* und *Tudersdorf* (km 7) sind auf Güterwegen zu erreichen und recht urtümliche Dörfer. Die Ortsnamen deuten wieder darauf hin, daß auch hier Kroaten die von den Türken im 16. und 17. Jahrhundert verwüsteten Gebiete wiederbesiedelt haben. Die Batthyány als damalige Grundherren förderten allein im Raum Güssing die Entstehung von neun kroatischen Dörfern. Die Rundfahrt auf dem B 60 führt zurück nach *Sulz* (km 11) mit der „Vitaquelle", die als „Güssinger Mineralwasser" 30.000mal in der Stunde in die Flasche kommt. Antonius de Brozzi, Großhändler aus Ragusa/Dubrovnik, hatte den Ort Sulz von Franz Batthyány seinerzeit geschenkt bekommen. Was der Dalmatiner im Gegezug liefern mußte, um gleich einen ganzen Ort zu erhalten, ist nicht überliefert. Auch der Gräfin Festetics schien es hier gefallen zu haben. Sie ließ ein für damalige Verhältnisse grandioses Bad errichten und lockte im beginnenden 19. Jahrhundert die ungarische Eleganz nach Güssing.

In *Sulz* verläßt die hier beschriebene Radroute den B 60 und verläuft die nächsten 4,5 km auf der Landesstraße Richtung Stegersbach. Der Verkehr ist moderat, über *Gerersdorf* mit einem sehenswerten Freilichtmuseum und *Rehgraben* kommen Sie bei km 15,5 zur Abzweigung links nach Fürstenfeld/Deutsch Kaltenbrunn/Kukmirn. *Kukmirn* (km 17,5) ist das nächste Ziel. Ab diesem langgestreckten Dorf beginnen der Obstbau und die Produktion von Obstschnäpsen. Auf der Folgestrecke radeln Sie durch malerische Obstplantagen, ganze Hügel sind vom Spindelbaum geprägt und von den schwarzen Kunststoffnetzen gegen Hagelschlag und Vogelbiß. Zur richtigen Jahreszeit riecht man hier den Schnaps bei jeder Ortsdurchfahrt.

Hügelig wird die Tour bald nach Kukmirn, und in einer Steigung ist bei km 19,5 die Abzweigung nach rechts, nach *Limbach* und *Unterberg*, die richtige. Nach beiden Seiten öffnen sich weite Blicke ins Land, die Strecke führt recht anspruchsvoll einige Höhenrücken entlang. Mehrere Gasthäuser nützen diese Ausblicke, und auch Zweitwohnsitze entstehen hier neu oder in geschmackvoll restaurierten Höfen. In Limbach (km 22) verpassen Sie nicht die Abzweigung rechts zu den Limbacher Berghäusern und nach Unterberg. Wie zuvor sind einige Kamelbuckel zu bewältigen. Ortskundige erklärten mir, was zu sehen ist: der Wechsel, der Schöckel bei Graz und die Riegersburg. Bei der Kreuzung mit der Landesstraße und km 26 wenden Sie sich links und der Abfahrt zu. Im Tal der Lafnitz kurz auf der Landesstraße nach links Richtung *Rudersdorf* (km 30,5), von dort auf der Bundesstraße 2,5 km und über die Landesgrenze nach Fürstenfeld, das bereits in der Steiermark liegt.

- *Fürstenfeld* (km 34), die alte Grenzstadt auf einer Schotterterrasse über der Feistritz, verblüfft mit einem äußerst gepflegten und großen Altstadtkern. Der läßt sich optimal von einem der Cáfes am Hauptplatz studieren, ebenso der Corso, der rund um diesen Platz verläuft. Es ist freilich ein neuzeitlich motorisierter Corso, und sollten Sie vielleicht bereits am zweiten steirischen Bier schlürfen, wird das gleiche Auto zum bereits vierten Mal am Café vorbeirollen. Der alte Mauerring um die Stadt ist noch zu erkennen. Er war wichtig, aber offensichtlich doch nicht stark genug. Fürstenfeld brannte mehrmals völlig nieder, wurde von fast allen räuberischen Horden überrannt, die je durch Österreichs Südosten zogen. Tataren, Magyaren, Türken, Kuruzzen und Hayduken haben hier keine gute Erinnerung hinterlassen. Heute lockt Fürstenfeld als Einkaufsstadt und Handelszentrum den Touristen auf dem Velo mit „Erlebnissen" rundherum: einer WISBI-Strecke für Rennradler, die bei der Therme Loipersdorf nicht weit entfernt startet. Für die anderen Radler hat Fürstenfeld die detaillierteste Routenkarte parat, die mir bekannt ist, sie reicht weit ins Burgenland. Das 90 x 80 cm große Blatt bietet die Riegersburg-, die Kräuter-, die Römer-, die Hügel-, die Lafnitztal/Ost-, die Lafnitztal/West-, die Schlösslberg-, die Mühlen-, die Panorama- und schließlich auch die Aussichts-Tour.

Von Fürstenfeld (km 34) weiter nach Heiligenkreuz bietet sich die „Landschaftsvariante" über die Berge und die *Therme Loipersdorf* an oder die „Schnelle Variante" entlang der Lafnitz. Beide sind in Abschnitt C 3 beschrieben.

C 2.3 Schleife „Pinkatal"

Die Beschreibung dieser Schleife ist die kürzeste der drei. Nicht, weil es wenig zu beschreiben gibt, im Gegenteil! Sie bietet neben burgenländischer Weinkultur auch eine besonders reizvolle Walddurchfahrt, doch sie ist eine Kombination anderer schon beschriebener Strecken.

Die Route folgt ab *Güssing* (km 0) der „Schleife Heiligenbrunn und Luising" nach C 2.1 bis zu den Stremer Berghäusern (km 7), von wo Sie in den Ort *Strem* (km 8) hinunter müssen. (Auch der Radweg R 56 führt von Güssing nach Strem, wenn Sie in St. Nikolaus im Tal bleiben und so über Sumetendorf nach Strem kommen.)

Die Folgestrecke entlang der Pinkataler Weinstraße auf dem Radweg R 56/B 61 ist im Abschnitt C 1 ausführlich beschrieben. Nur ganz kurz sei erwähnt, daß Sie bei *Moschendorf* (km 11,5) ein Weinbaumuseum erwartet, kurz darauf die Wallfahrtskirche *Maria Weinberg* (km 14) am Wege liegt und die markierte Route R 56/B 61 (abweichend von der in C 1 beschriebenen) in *Kulm* (km 17) in die Berge abzweigt. Wieder liegen Weinfelder in Waldlichtungen, ähnlich romantisch wie in Kohfidisch. Leicht hügelig ist die Radroute durch den Forst, ab km 22 und der Kreuzung mit der Straße St. Kathrein–Kroatisch Ehrensdorf verschwindet der Asphalt. Eine großzügig ausgebaute Forststraße mit hart gepreßtem Feinschotter leitet als offizieller Radweg B 61 durch den Tann. Vorbildlich, kaum zu glauben!

Hier funktioniert, was sonst in Österreich ein Problem zu sein scheint, nämlich das Radeln durch den Wald. Leben etwa hier im Punitzer Gemeindewald und im Herrschaftswald andere Tiere als in Restösterreich, Tiere, die sich vor Radlern nicht fürchten? Oder sind die Forst-, Gemeinde- und Jagdbeamten in Güssing einfach großzügiger, schlauer, toleranter?

Genießen Sie diese knapp 6 km lange Walddurchfahrt. Ab *Punitz* (km 28) ist wieder der Asphalt einer Landesstraße der harte Untergrund.

Durch Wald geht's aber dennoch weiter, auch der Weitwanderweg 07 nutzt diese Strecke. Links werden Ihnen die eingezäunten Areale des *Wildparks Güssing* und der Wildtier-Forschungsbereiche des Grafen Draskovich auffallen. Der Park kann besichtigt werden, die Einfahrt ist über *Urbersdorf* und am Stausee entlang zu erreichen.

Die letzten 2 km nach Güssing sind eine durchgehende Abfahrt direkt auf die Burg zu, die Einfahrt in die Stadt nach 35 km ist eine der beeindruckendsten.

C 3 Hart an der Grenze entlang

Von Köszeg über Ják nach Fürstenfeld

„Steckbrief"

Gesamtlänge 115 oder 122 km, gemütliche Zweitagetour. Mit Ausnahme eines 3,5 km langen Stücks zwischen Boszok und Bucsu alles Asphalt (Alternative zu diesen 3,5 km möglich). Eine leichte Tour, in Ungarn beginnend und in Österreich endend. Bis auf ca. 9 km alles auf Nebenstraßen

Routenführung Köszeg – Bucsu – Pornóapáti – Ják – Körmend – Szentgotthárd – Therme Loipersdorf – Fürstenfeld

Kartenmaterial Optimal: Österreichische Karte 1:50.000 Blatt 138 Rechnitz, Blatt 139 Lutzmannsburg, Blatt 166 Fürstenfeld, Blatt 167

Routenskizze C 3

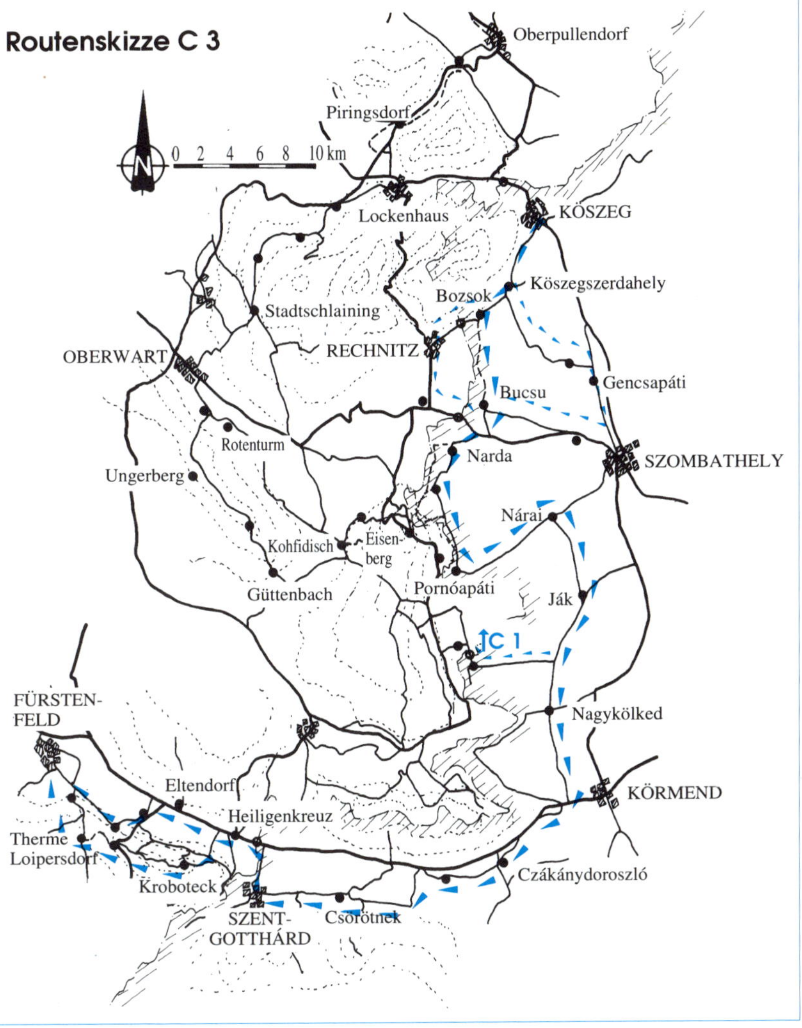

Güssing, Blatt 168 Eberau, Blatt 193 Jennersdorf. Oder: Generalkarte Österreich 1:200.000 Blatt 2 und 5 und Ungarn 1:300.000

Die Strecke ist eine im Grenzbereich von zwei Kulturen, von zwei Wirtschaftsphilosophien, von zwei Lebensanschauungen. Gemütlicher ist's in Ungarn, perfekter in Österreich. Die gebrochene Hyperglide-Kette bekommen Sie nur in Österreich, dafür wird jeder ungarische Schmied die alte zu reparieren versuchen. Die Ungarn kennen den Mulatschag, die Österreicher das Feuerwehrfest. Falls Sie die Runde für zwei Tage planen, sollten Sie sich in Ungarn rechtzeitig nach Quartier umsehen (evtl. Privatzimmer).

Die Grenz-Tour beginnt in *Köszeg* (km 0), einem kleinen sympathischen Städtchen, das in B 3 näher beschrieben ist und Anschluß an die Radstrecken B 2/B 3 und E hat. Richtung Velem und Bozsok ist die richtige Ausfahrt aus Köszeg. Die Nebenstraße verläuft über die leicht hügeligen Ausläufer des Günser Gebirges durch Wein- und Obstgärten.
Die aus dem Wald am Hang des Geschriebenstein in halber Höhe auftauchende Kirchturmspitze ist die der *Szent Vid-Kapelle*, ein beliebtes Ausflugsziel. (Die Kapelle auf 560 m Höhe und den Geschriebenstein können Sie auch erradeln, wenn Sie der in B 3 beschriebenen Route folgen.) Die Ortschaft *Cák* (km 5) erfreut Weinbeißer mit einer unter Denkmalschutz stehenden Reihe von Weinkellern, Pferdefreunde mit der „Lovasiskola", der Reitschule. Wenn Sie dennoch im gewohnten Sattel bleiben, erreichen Sie *Köszegszerdahely* (ein in B 3 beschriebener Abstecher zur Mühle lohnt) und dann den neuen Grenzort *Bozsok* (km 9,5).
Biegen Sie nicht zur Grenze ab, bleiben Sie geradeaus und in Ungarn, jetzt wird's ein wenig spannend. Der Weg führt an einer Kaserne vorbei, ein Fahrverbotsschild sowie das Ende des Asphalts deuten darauf hin, daß Sie im unmittelbaren Grenzgebiet radeln. Die Strekke ist nur bei trockenem Boden zu fahren. Es sei ausdrücklich darauf hingewiesen, daß die Radlerei in diesem Bereich derzeit nur geduldet ist. Auch an Ihrem Verhalten wird es liegen, ob das so bleibt. Die Strecke selbst ist abwechslungsreich. Rechter Hand der Blick auf Rechnitz, den Geschriebenstein und schnurgerade gezogene Ackerfurchen, links eine leichte Kuppe mit viel Brachland und der Weg, auf dem Sie radeln, entlang des Baches „Bozsoki patak", der den Grenzverlauf markiert, was die bunten Grenzstangen noch betonen. In diesem ehemaligen streng abgeschirmten Grenzbereich haben sich viele Wildvögel eingenistet, und immer wieder erhebt sich einer der riesigen Flatterer. Ornithologen sollten das Fernglas bei sich haben.
Der Eiserne Vorhang ist weg, aber die Grenze dennoch nicht ungesichert. Da Sie sich voll auf den schlechten Weg konzentrieren müssen, werden Sie vermutlich die ungarischen Grenzpatrouillen gar nicht bemerken. Im Tarnanzug und versteckt lauern sie mit Diensthund im Gebüsch. Gegenüber, auf österreichischer Seite, findet gleiches statt, nur nicht so geheim. Die Österreicher wollen durch sichtbare Präsenz eventuelle Grenzgänger davon abhalten, über die Grenze zu hupfen. Beide Seiten freuen sich über ein freundliches „jonapot kivanok" oder „Grüß Gott". In *Bucsu* (km 13) erreichen Sie wieder Asphalt.

• *Variante 1*

Falls die zuvor beschriebene Strecke von Bozsok nach Bucsu zu feucht ist oder Sie zurückgewiesen werden, bleibt der Umweg über Österreich. Fahren Sie in *Bozsok* über die Grenze nach *Rechnitz*, verlassen Sie den Ort in Richtung Markt Neuhodis und Schlaining, und biegen Sie in den markierten Radweg R 56 ein, der zugleich auch Weitwanderweg 07 ist. Bei *Schachendorf* stoßen Sie auf die Bundesstraße, auf der Sie die Grenze nach Ungarn wieder passieren und in Narda wieder auf die Original-Strecke kommen. Umweg ca. 7 km ab *Bozsok*.

• *Variante 2*

Falls Sie als Nichtungar oder Nichtösterreicher bei Bozsok nicht über die Grenze dürfen, ist das auch kein Problem, im Gegenteil: Sie werden genötigt, Szombathely zu besichtigen. Kurz zurück nach *Kőszegszerdahely* und über *Perenye* nach *Gencsapáti*, wo Sie, wie in Route E beschrieben, verkehrsarm nach *Szombathely* kommen und die Stadt nicht zu schnell verlassen sollten. Wählen Sie die Ausfahrt Richtung Grenze und Narda, Bucsu. Kurz nach Szombathely, bei *Olad*, zweigt eine Straße nach Bucsu ab, die Sie verkehrsarm wieder auf die beschriebene Route bringt. Umweg ca. 25 km ab *Bozsok*.

Ab *Bucsu* ist wieder Asphalt der Untergrund, auf dem es doch wesentlich besser rollt. Ganz kurz auf der Bundesstraße nach Westen und dann Richtung Narda (km 18). Einen kleinen Hügel hoch führt die Nebenstraße in die Berge um Eisenberg. Natürlich wächst auch auf der ungarischen Seite Wein, und ein gar nicht schlechter. Den können Sie schon in den Buschenschanken von *Felsöcsatár* (km 22) verkosten, wenn Sie die kurze Auffahrt rechts hinauf nicht scheuen. Lohnend ist es auch wegen des Ausblicks. Der Ort mit kroatischem Bevölkerungsanteil ist eine gemischtsprachige Gemeinde, hat auch eine zweisprachige Ortstafel, heißt auf kroatisch Gorni Cetar und auf deutsch Oberschilding. Die Ortstafeln könnten für so manche Gemeinde auf der österreichischen Seite, die das Volksgruppengesetz nicht exekutiert hat, ein Beispiel sein. (Ähnliches ist auch in Brennbergbánya/Brennberg zu erwähnen, siehe Route A 4.)
Die weitere Strecke ist Richtung Pornóapáti beschildert und folgt der Pinka durch einen Durchbruch, der auch als Steinbruch genutzt wird. Sogar ein Bergwerk ist direkt neben der Straße zu entdecken. Die Weinberge und Winzerhäuser, die von der rechten, der österreichischen Seite herüberleuchten, sind die sogenannten südburgenländischen „Weinidyllen" und in C 1 beschrieben. Eine andere Idylle durchradeln Sie jetzt. Es ist das typische Ungarn von einst, stehengeblieben wirkend, mit wunderbaren, blumengeschmückten alten Bau-

ernhäusern, mit Gänsen in den Gärten, dem Hausschwein auf dem Anger und dem Duft alter Dörfer, der über weiten Teilen des Landes liegt. Diese Gegend hart an der Grenze war bis 1989 verbotenes Sperrgebiet, sie hat deswegen die Entwicklung anderer Landesteile nicht im gleichen Tempo mitgemacht. *Horvátlövö/Hrvatske Sice/ Kroatisch Schützen* hat wieder eine zweisprachige Ortstafel und eine ebensolche Gemeinde (Deutsch Schützen liegt gegenüber), und bald ist der Ort mit dem eigenartigen Namen *Pornóapáti* (km 28,8) erreicht, was auf deutsch Pernau heißt und so wesentlich unverdächtiger klingt. Halten Sie sich bei der Kirche links Richtung Nárai. Die folgende 6 km lange Walddurchfahrt macht klar, warum Hubertus-Jünger europaweit von ungarischen kapitalen Sechzehnendern schwärmen. Dabei ist das hier einer der eher kleineren Forste. (Versuchen Sie nicht, die auf der Karte 1:50.000 eingezeichnete Forststraße direkt nach Ják zu finden, Sie landen sicher in der Wildnis!) *Nárai* taucht auf bei km 38, und nun ist bereits Ják angeschrieben. Gegenwind sollte bis dorthin keiner blasen, denn die beiden schon von *Nárai* aus sichtbaren spitzenlosen Türme von Ják wollen nicht einmal bei Windstille näherrücken.

- In *Ják* (km 45), einer unter Architekturfreunden europaweit bekannten Ortschaft, ist es ein romanisches Kirchenportal, das neben dem reichen Außenschmuck von hoher mittelalterlicher Baukunst zeugt. Die Kirche auf dem kleinen Hügel, die als die schönste romanische Kirche Ungarns gilt, läßt sich in Ruhe von einer der Bänke gegenüber dem Prachtportal bestaunen. Eine wirklich optimale Pausenrast. Das gegen eine wohl inflationsangepaßte und deswegen schon aufs Doppelte gestiegene Gebühr (Ft. 20.–) zu besichtigende düstere Innere der Kirche entging erfreulicherweise der Barockisierung, so daß trotz Zubauten der Gesamteindruck erhalten blieb. Reiseführer, Andenken und Ansichtskarten mit Briefmarken sowie Getränke, aber nur die, gibt es im kleinen Shop gegenüber. Warme Speisen werden im ganzen Ort nicht angeboten, die letzte Chance für Radlers Trinkflasche ist dann der Hydrant beim Laden vor dem sakralen Bauwerk.

Genau nach Süden geht die Runde weiter, über riesige Kornfelder, über leicht hügeliges Terrain, optimal für den Triathlonlenker. Gegenwind sollte freilich auf dieser Strecke keiner blasen. Seit 1991 gibt es den Grenzübergang *Szentpéterfa/Petrovo Selo/Prostrum* (der über eine 6 km lange Gerade zu erreichen ist), wo es zurück nach Österreich, nach *Eberau*, ginge. Wenn es Sie nicht in den Westen zieht und die Grenzlandtour weiterfahren wollen, fahren Sie geradeaus weiter durch *Nagykölked, Harasztifalu* und über *Felsöberkifalu* zur Einmündung in die Bundesstraße Nr. 8 (km 61,5) etwas westlich von Körmend (km 63,5). Die von Ják kommende Straße mündet 2 km von Körmend entfernt in die Straße Nr. 8. Für eine Besichtigung müßten Sie also ein Stück nach links (Osten) zurück.

- Sehenswert in *Kömend* ist das Schloß Batthyány, unübersehbar durch seine Größe und die ausgefallene, an eine Manner-Schnitte erinnernde Fassade. In dem bis 1931 vom gefürsteten Dr. Ladislaus Batthyány-Strattmann beispielhaft als Spital genutzten Bauwerk (für seine Tätigkeit wurde er seliggesprochen) findet man heute auch für Radler Bemerkenswertes: im ortsgeschichtlichen Museum sind zwei Hochräder ausgestellt, original mit Hartgummireifen und beinhartem Ledersattel, mit denen zwei Brüder vor mehr als 120 Jahren von Körmend nach Paris radelten. Für die Rückfahrt wählten sie eine Strecke über die Schweizer Pässe, um noch einige alpine Eindrücke in die Ebenen Ungarns mitnehmen zu können. Zeitgenössische Grafiken geben einen Eindruck vom Empfang der beiden Helden.

Trotz neuzeitlicherem Fahrrad sind die restlichen Kilometer bis Fürstenfeld nicht zu unterschätzen. (Hier in Körmend könnten Sie abbrechen, mit der Bahn nach Fehring und weiter nach Graz oder Wien gelangen, auch Fürstenfeld ist nur 45 km entfernt.)
Auf ca. 3 km bis *Horvátnádalja* (km 70) gibt es einen Radweg direkt neben der Bundesstraße Richtung Graz. Dort, in Horvátnádalja, empfehle ich die Straße nach *Magyarnádalja* und *Vasalja*. Es ist ein kleiner Umweg, dafür aber verkehrsberuhigt und durch typisches Ungarn sowie durch die Auen der Pinka und der Raab verlaufend. In Vasalja (km 74) nehmen Sie die Straße über Kemestaródfa nach *Csákánydoroszlo* (km 78). Der Ort, der auf deutsch „Krottendorf“ heißt, lockt nach langem wieder mit Gaststätten und sogar Quartier. Auf der Nebenstraße, genau nach Osten, kommen Sie nach *Gasztony* und *Rátót* (km 85,5). Kurz, für 1,5 km, radeln Sie auf der Bundesstraße. Ab *Vasszentmihály* führt die Route nach *Csörötnek* und *Magyarlak* sowie verkehrsarm nach *Szentgotthárd* (km 98). Der Ort ist im Abschnitt C 4 genauer beschrieben.
Von Szentgotthárd zum Grenzübergang *Rábafüzes-Heiligenkreuz* (km 102) führt eine Straße kerzengerade nach Norden. Ein vom Verkehr getrennt angelegter Radweg nutzt die Trasse des ehemaligen Eisernen Vorhanges.
Mitten in *Heiligenkreuz* (km 95,5) lockt in der Kurve ein renommiertes Gasthaus mit einem netten kleinen Sitzgarten und außergewöhnlichen Nächtigungsmöglichkeiten in umgebauten, schilfgedeckten ehemaligen Winzerhäusern. Von Heiligenkreuz gibt es zwei Möglichkeiten zur Weiterfahrt:

• *Schnelle Variante*

Nur 16 km ist die Strecke bis Fürstenfeld auf der Bundesstraße ausgeschildert. Das ist zweifellos die direkteste und schnellste, zugleich aber auch die verkehrsstärkste Strecke. Ich empfehle sie nicht, sondern einen kleinen Umweg: Von *Heiligenkreuz* (km 95,5) bis *Eltendorf* (km 101,5) bleiben Sie auf dieser B 65 und biegen dann nach Königsdorf und Jennersdorf ab.

In *Königsdorf* nach der Bachquerung scharf rechts, bringt Sie ein Weg über die Felder nach *Gillersdorf* (km 106,5) und über leicht hügeliges Gelände nach Loipersdorf (nicht zur Therme!) und *Dietersdorf*. Die Einfahrt nach Fürstenfeld geht am Bahnhof vorbei, wo sowohl die ÖBB als auch ein ebenfalls renommiertes Gasthaus direkt neben dem Bahnhof mit einem baumbestandenen Sitzgarten locken. Die Pflichtrunde um den Stadtkern von *Fürstenfeld* (km 114,5) sollten Sie dennoch machen (siehe C 2).

• *Landschaftsvariante*

Das burgenländisch-steirische Grenzgebiet ist besonders hier sehr schön. Es dominiert schon der Apfel als gewinnbringende Frucht, Obstgärten prägen die Landschaft. Diese Besonderheiten liegen nur leider 100 m über der Lafnitz. Nicht so schlimm. Von *Heiligenkreuz* (km 95,5) mühen Sie sich 3 km bis *Poppendorf* auf der B 65, wo der Weitwanderweg 07 und der Radweg 72 nach Süden abzweigen. Markiert führen Güterwege und Nebenstraßen nach Rosendorf (km 102,5), wo der kurze Anstieg beginnt. Bereits in *Kroboteck*, 1 km weiter, sind Sie mitten im Obstland. Die Straße bleibt auf dem Höhenrücken mit Fernsicht links bis Slowenien und rechts bis zum Geschriebenstein. Gasthäuser links und rechts gibt es genug. Auch genügend Radwege. Die Gegend ist gut erschlossen, man hat es gut mit den Radlern gemeint.

Auf den nächsten wenigen Kilometern ab Kroboteck bis zur Therme Loipersdorf werden Sie den Wegen 50, 710, 71 und 8 folgen, was sicher etwas verwirrend ist. Einfach ist's, wenn Sie immer auf dem Höhenrücken bleiben und nach Unterhenndorf einen kurzen Links-rechts-Blitzzug über die Bundesstraße einlegen (km 108), dann steil bergauf dem Weg nach *Oberhenndorf* folgen. Es ist auch schon die *Therme Loipersdorf* (km 112), das nächste Ziel, angeschrieben. Der warme Sprudel aus dem eine Million Jahre alten pleistozänen Vulkanherd speist eine mondäne und sehr beliebte Badeanlage, um die sich ein beachtlicher Kurbetrieb entwickelt hat. Tagesgäste sind hier willkommen, auch ermattete Radler. Wenn Sie zum Hunger auch der Durst quält, bieten noble Etablissements Weinverkostungen an, wobei sie allerdings öS 20,– für das Sechzehntel vom vorjährigen Weißen aus Deutsch Schützen auf die Theke legen

müssen, der dort genauso schmeckt, aber wesentlich günstiger angeboten wird (siehe Route C 1).
Falls Sie sich vom „Erlebnisbad“, der Sauna, den Fangopackungen, den Massagen, den Inhalationen und dem säuerlichen Sprudel doch losreißen können und Sie auch der Golfplatz nicht weiter reizt, bleibt nur der Abschied von der romantischen Hochlage und die Abfahrt zur nächsten Besonderheit: nach *Fürstenfeld*, das genau nach Norden über die Orte Loipersdorf und *Dietersdorf* (km 116,5) zu erreichen ist.
Im Zentrum von *Fürstenfeld* werden Sie 121,5 km in den Beinen haben. Fürstenfeld ist in Kapitel C 2 beschrieben.

Wie geht's weiter?

- Fürstenfeld hat Bahnanschluß nach Graz, Wien und Körmend
- Die Runde um Fürstenfeld und Güssing nach C 2 bietet sich an
- In den südlichsten Zipfel des Burgenlandes gelangen Sie auf der Route nach C 5
- Mit dem Rad kommen Sie nach Graz, wenn Sie der Strecke D 5 folgen

C 4 Untypisches Ungarn

Im Őrség

„Steckbrief“

Gesamtlänge Auf der beschriebenen Route ca. 91 km, und alles auf Asphalt, auch für Rennräder geeignet. Eine mittelschwere, landschaftlich hervorragend schöne Tour
Routenführung Szentgotthárd – Magyarlak – Czákánydoroszlo – Iváne – Pankasz – Őriszentpéter – Szalafö – Farkasfa – Apátistvánfalva – Szentgotthárd
Kartenmaterial Generalkarte Österreich 1:200.000 Blatt 5

Das Őrség liegt im ungarischen Zipfel zwischen Österreich und Slowenien und ist zur Gänze als Landschaftsschutzgebiet ausgewiesen.
Őrség heißt auf deutsch „die Wart – die Wache“ und ist auch in vielen österreichischen Ortsnamen zu finden: Oberwart, Siget in der Wart und an der Piesting, als „Warth“ tauchen immer wieder Flurnamen auf. Gemeinsam ist diesen Gegenden, daß sie alle in Grenzgebieten liegen oder lagen.

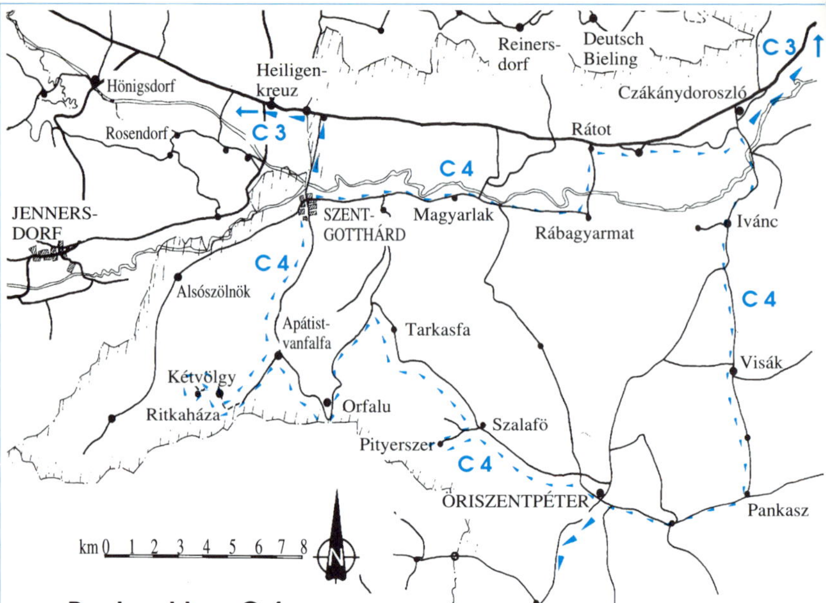

Routenskizze C 4

Gewacht wurde von Grenzbauern im Auftrag des jeweiligen Landesherrn. Es war eine eigene Sippe, die die Stellung an der Grenze zu halten hatte, meist untereinander verwandt und durch Privilegien bei der Stange gehalten. So erhielten die Grenzwächter hier und auch im burgenländischen Oberwart für ihre tapfere Abwehr sogar Adelsprädikate (siehe Abschnitt B 2).

Im Őrség war das Land gegen den Westen zu, von wo die Magyaren den Feind erwarteten, nicht schwer zu kontrollieren. Im Norden begrenzte die Raab mit ihren ausgedehnten Sümpfen den Überwachungsraum, im Süden und Westen waren die dichten Wälder auch nicht das optimale Aufmarschgebiet für feindliche Truppen, und im Osten waren sowieso die Freunde.

Später, in der Habsburgerzeit, kam der Feind hingegen von Osten. Die Türken drängten ins Abendland, und bei der legendären Schlacht von Mogersdorf, am Nordrand des Őrség, half die Hochwasser führende Raab entscheidend mit, die Muselmanen zu besiegen. Im 18. Jahrhundert geriet die Gegend in den Herrschaftsbereich der Batthyány aus Körmend, und aus den ehemals Freien wurden Fronbauern.

Was erwartet Sie heute im Őrség? Nicht das typische Ungarn, das aus den Operetten bekannte, mit peitschenschwingenden Zigeunerbaronen und drallen Mädchen in bunt bestickten Trachten, sondern eine Gegend, die man auf den ersten Blick nicht dem Staat der Magyaren zuordnen würde. Recht hügeliges Land mit viel Wald,

aber auch gewaltige Wiesen werden Sie finden, kleine Bäche, bescheidenen Feldbau und sehr viel Brachland. Das freut natürlich die Jägerschaft, die, staatlich organisiert, besonders auf Hochwild ansitzt. Auch Ornithologen sollten den Feldstecher zur Hand haben.
Geschlossene Dörfer sind selten im Örség. Man lebt hier traditionsgemäß in verstreuten Weilern und Gehöften. Viele der Ansiedlungen liegen auf Bergrücken mit herrlichem Rundblick. Die Gegend wirkt eher ärmlich, von der Zivilisation vergessen, obwohl auch hier immer mehr Satellitenantennen von internationaler Kommunikation künden und japanische Autos vom beginnenden Wohlstand.
Daß die Gegend viel für Volkskundler zu bieten hat, haben staatliche Stellen ausgenützt und einige der schönsten Bauwerke in den „Skanzen", das Volkskunde-Museum, nach Szombathely verlegt, wo heute typischere Häuser zu sehen sind als im Örség selbst. Es ist aber doch noch genug Altes geblieben, das benützt und bewohnt wird. Barocke Bauernhäuser inmitten von Obstgärten und Holzhäuser mit Pergolen aus wildem Wein sind nach wie vor zu finden.

Die Route

Den größten Lustgewinn haben Sie natürlich, wenn Sie das Örség auf eigenen Routen entdecken. Die Beschilderung ist zwar ausgezeichnet, ohne Karte kommen Sie dennoch nicht weit. Die Österreichische Karte 1:200.000 Blatt 5 ist die verläßlichste und neueste. Gelb und weiß eingezeichnete Straßen sind asphaltiert.
Falls Ihnen das Wagnis der selbstorganisierten Reise zu groß ist, folgt hier der Vorschlag für eine Runde, die in Szentgotthárd, dem bekannten Ort an der Nordgrenze zum Örség, beginnt. Sie können ihn über die Routen C 3 und C 5 erreichen. Vom österreichischen Grenzübergang *Heiligenkreuz* führt ein Radweg nach *Szentgotthárd/ St. Gotthard/Monoster* (km 0).

- Der Ort hart an der Grenze ist ungarisch, deutsch und kroatisch besiedelt und zeigt im kleinen Ortskern noch einige barocke Bürgerhäuser. Bekannt ist er jedoch durch seine Klostergründung, die Zisterzienser und ihre weithin sichtbare Stiftskirche. Bekannt ist der Ort auch durch die Türkenschlacht 1664 im Bereich zwischen Szentgotthárd und Mogersdorf an der Raab im Burgenland. Dorffmeister, der auch hier in Szentgotthárd für den Bilderschmuck der Kirche zuständig war, brachte zur Abwechslung statt Teufeln, Heiligen und Posaunenengerln auch Weltliches auf den Verputz im Gewölbe: ein Fresko, die Türkenschlach darstellendt.

  Die Grenzstadt, die bis 1989 vor sich hindöste, lebt jetzt gut vom Grenzverkehr. Gasthäuser, Cafés und Textilläden ziehen den grenzquerenden Österreichern die Schillinge aus dem Börsl. Szentgotthárd entwickelt sich in jüngster Zeit auch zu einem Industriezentrum. Ein amerikanischer Automobilhersteller hat eine Produktionsstätte errichtet, deren riesige Halle genausoweit zu sehen ist wie der barocke Turm der Stiftskirche.

Genau nach Osten führt eine Nebenstraße aus dem Zentrum von Szentgotthárd (km 0) Richtung Czákánydoroszlo. Es ist die feuchte Ebene der Rába/Raab, die Sie nun entlangradeln. Sie bildet die Nordgrenze des Örség.
An *Máriaújfalu* vorbei und durch *Magyarlak* (km 7) gerade durch kommen Sie nach *Rábagyarmat* (km 11). Alle diese Orte blühen erst jetzt langsam auf, waren durch ihre Lage an der Grenze und abseits der Hauptstraße wirklich im Abseits.
Von Rábagyarmat nach Osten weiter über die alte Mühle „Németfalui“ führt nur ein schrecklicher und höchstens von ATB-Artisten zu befahrender Weg nach Hegyhátszentmárton und Iváne. Allen anderen ist die Straße nordwärts nach *Rátót* zu empfehlen. Einen kurzen Kilometer auf der Bundesstraße, dann ist ab Gasztony bis *Czákánydoroszlo* (km 20) wieder auf der Nebenstraße verkehrsarm zu radeln, die Richtung Öriszentpéter, Hauptort des Örség, ist schon angeschrieben. Über die Raab kommen Sie nach *Iváne* (km 25). Der langgestreckte Ort mit den langsam verfallenden Gutshöfen bringt einen ersten Eindruck von der Besiedlung im Örség: zumeist kleine einfache Häuser in Obstgärten. 2 km nach Iváne ist die Straße nach Pankasz ausgeschildert. Junge Föhrenwälder und riesige Wiesen und Felder leiten nach den einsam gelegenen Orten *Visák* und *Kisrákos*. In *Pankasz* (km 37) halten Sie sich rechts nach Öriszentpéter. Dieses Tal der Zala wirkt wie eine Heidelandschaft, mit vielen ungenützten Flächen und Brachland. Man muß schon recht genau in die Gegend schauen, um die barocken Bauernhäuser zu entdecken, aber es gibt sie noch. In *Öriszentpéter* (km 43,5) finden Sie Nahrung und Quartier. Hier im Hauptort des Örség, wo früher der Major als oberster Wächter über die Wart residierte, wo man heute mit bescheidener Industrie wieder hochzukommen versucht, halten Sie sich Richtung Szentgotthárd. Bald nach Ortsende weist ein kleiner Vierfachwegweiser nach Szalafö/4 km, Pityerszer/6 km, Farkasfa/11 km, Máriaújfalu/17 km.
Dies ist die Strecke ins Zentrum des noch heute einsamen Grenzwachtbezirks. Rauf und runter, über Höhenrücken und durch Wälder, so sollten Sie in *Salafö* (km 47) nach *Pityerszer* einen Kilometer weiterradeln (km 48), auch wenn die Stichstraße den Asphalt verliert. Der romantisch auf einem Bergrücken gelegene Weiler gilt als der schönste im Örseg, sowohl von seiner Lage her als auch durch

seine originalen, zum Teil noch reetgedeckten Bauernhäuser. Bewohnt ist Pityerszer nicht mehr, es ist ein Museum.
Zurück nach *Szalafö* (km 50) und von dort Richtung Szentgotthárd auf für Rennräder gerade noch geeignetem Asphalt. Urige Straße in uriger Gegend ist das Motto. Eine kilometerlange Walddurchfahrt führt nach *Farkasfa* (km 65,5). Kurz nach einem Radar-Globus empfehle ich links die Abzweigung nach Apatistvánfalva, sofern die Wadeln noch mitspielen (sonst nach rechts, direkt nach Szentgotthárd). Nun folgt der Inbegriff der Einsamkeit. Durch einen Mischwald und auch Steppenlandschaft mit entsprechendem Wildleben führt die Straße wie auf einer Hochschaubahn (es dürfte sich um eine ehemalige Militärstraße handeln) nach Orfalu (km 76,5) und nach *Apátistvánfalva* (km 84,5).

Alte ungarische Bauernstruktur im „Skanzen" in Szombathely

Hier gibt es zwei Möglichkeiten:

- Direkt nach Szentgotthárd sind nur mehr ca. 7 km zurückzulegen, die im wesentlichen hinuntergerollt werden. Der Kirchturm der Stadt ist schon von ferne zu sehen, bei km 91 werden Sie im Zentrum von Szentgotthárd sein.

- Der Abstecher nach Ketvölgy. Gleich vorweg: es ist eine Sackgasse. Die 6 km lange hügelige Strecke ist wieder zurückzufahren. Die Mühen lohnen dennoch, denn *Ketvölgy* und besonders der auf der anderen Talseite gelegene Weiler *Ritkaháza*, der gar keine Ortstafel besitzt, sind so ziemlich die entlegensten Punkte des Örség.

Wieder zurück nach Apátistvánfalva (km 95,5), dort wählen Sie die oben beschriebene Strecke nach Szentgotthárd, das Sie nach 103 km erreichen.

Wie weiter?

- Zurück mit der Bahn nach Graz oder Wien direkt von Szentgotthárd oder von Mogersdorf (noch 12 km) auf der österreichischen Seite
- Weiter auf der Route C 5 durch das südlichste Südburgenland
- Entlang der Grenze auf der Route C 3
- In die Schnapsgegend rund um Güssing nach C 2 oder
- Von Öriszentpéter weiter nach Bad Radkersburg nach Route E

C 5 Hügeliges Südburgenland

Die Jennersdorfer Runden

„Steckbrief"

Gesamtlänge und *Routenführung* Zwei Schleifen von Jennersdorf ausgehend. Die sehr hügeligen Touren sind für Rennräder gut geeignet

- C 5.1 Schleife „Jennersdorf-Nord" ca. 37 km. Route: Jennersdorf – Mogersdorf – Schlößlberg – Unterhenndorf – Therme Loipersdorf – Unter-/Oberlamm – Weinberg – Jennersdorf
- C 5.2 Schleife „Jennersdorf-Süd" ca. 45 km. Route: Jennersdorf – St. Martin – Oberdrosen – Tauka – Bonisdorf – Kalch – Neuhaus Fortsetzung ab Neuhaus: Mühlgraben – Welten – Jennersdorf

Kartenmaterial Optimal: Österreichische Karte 1:50.000 Blatt 192 Feldbach, Blatt 193 Jennersdorf. „Radeln im Thermenland – Therme Loipersdorf – das baut auf" 1:50.000. Oder: Generalkarte Österreich 1:200.000 Blatt 5

Die beiden Schleifen sind das Richtige für Berggemsen auf dem Fahrrad. Die Berge sind nicht hoch, aber zahlreich, sie widerlegen einmal mehr die Theorie vom flachen Burgenland. Allerdings ist dieser Grenzbereich zwischen der Steiermark, Ungarn und Slowenien auch nicht das typische Burgenland. Maiskolben im Hof und Gänse vor der Tür dürfen Sie hier nicht erwarten. Statt dessen werden Sie von herrlichen Rundblicken überrascht sein.

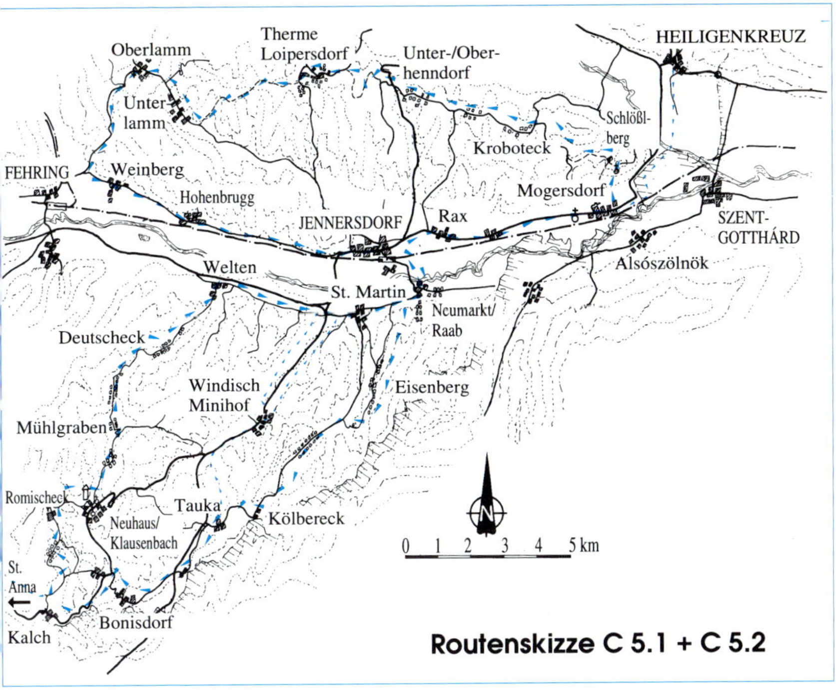

Routenskizze C 5.1 + C 5.2

Die Routen

Jennersdorf als Ausgangspunkt ist eine der jüngsten und kleinsten Städte des Landes. Eine bedeutende Textilindustrie und ein in ganz Ostösterreich bekannter Wirt, der mit seinen prominenten Gästen wirbt, haben den Namen Jennersdorf weithin bekanntgemacht. Die Stadt hat Bahnverbindungen nach Körmend/Ungarn und über Fehring auch mit Graz und Wien.

C 5.1 Schleife „Jennersdorf-Nord“

In dieser Region zwischen den Flüssen Raab und Lafnitz wetteifern die Steiermark und das Burgenland um die schönsten Radwege. Die steirischen Markierungen aus dem Raum Loipersdorf reichen bis Jennersdorf und Heiligenkreuz, und die Burgenländer werben ebenfalls mit eigenen markierten Wegen um den Pedaleur. Die hier beschriebene Schleife benützt beide Systeme.
Von *Jennersdorf* (km 0) nach Osten führt die Bundesstraße Richtung Heiligenkreuz.
Es ist dies leider die einzige Möglichkeit, nach Mogersdorf, dem nächsten Ziel, zu kommen. Die nahe ungarische Grenze ließ keinen zweiten Wirtschaftsweg im Tal der Raab zu. Durch *Rax* und *Weichselbaum* kommen Sie kurz vor Mogersdorf (km 6) zu einer

eher unscheinbaren Gedenkstätte für ein durchaus bedeutendes, die Weltgeschichte beeinflussendes Ereignis, der Schlacht bei Mogersdorf.

- Das „weiße Kreuz“, auch „Türkenkreuz“ genannt, soll mit seiner mehrsprachigen Inschrift in erster Linie an die tausenden Gefallenen erinnern, die hier bei der Schlacht am 1. 8. 1664 umgekommen und hier begraben sind. Es dürfte wirklich fürchterlich zugegangen, eine der blutigsten Schlachten der Geschichte gewesen sein.
  Mehr als 120.000 türkische Streiter unter dem Großwesir Achmed Körpülü waren von ungarischer Seite bis an die Raab vorgedrungen, in Szentgotthard/St. Gotthard und Rabatótfalu/Windischdorf, genau gegenüber Mogersdorf, angetreten, das Abendland zu erobern. Auf einer Brücke aus aufgeblasenen Lederschläuchen überwanden die Kämpfer die Raab, unterstützt von Artilleriefeuer, so brachten sie die kaiserlichen Verteidiger in Bedrängnis.
  Durch einen Trick und nach kurzem Gebet gelang es dem Kommandanten Montecuccoli, einen Teil der Janitscharen auf den Berghang hinter Mogersdorf und weiter in die Steiermark zu treiben (was dort auch nicht sehr erfreut aufgenommen worden sein dürfte) und die restlichen Truppen in die Hochwasser führende Raab zu drängen. „Die Türcken verlohren dabey in allem an Erschlagenen und Ersoffenen bey 16.000 Mann“, lautet eine zeitgenössische sicher übertriebene Schilderung. Die Schlacht war damit schon am frühen Nachmittag von den Österreichern gewonnen.
  Ein Friedensvertrag wurde in Vásvar geschlossen, er hielt bis 1683, als Kara Mustafa glaubte, erneut gen Wien ziehen zu müssen. Mogersdorf (km 6) selbst lebt von der Erinnerung an die Schlacht vor 300 Jahren. Natürlich gibt es hier einen „Türkenwirt“.

Aus dem Ort führt ein mit „71“ markierter Radweg in die Berge, zum *Schlößlberg* (km 8). Hundert Höhenmeter sind kurz und steil zu überwinden, doch das Ziel haben Sie bald vor Augen: ein riesiges Betonkreuz neben einer nicht weniger wuchtigen und an eine Trutzburg erinnernden Betonkapelle, sie zieren den Gipfel des Schlößlbergs.
Woran soll wohl erinnert werden? Richtig vermutet, an die Türkenschlacht von 1664! Die Gedenkstätte liegt inmitten einer gepflegten Anlage, die Aussicht ist beeindruckend. Szentgotthárd, das Örség (siehe Abschnitt C 4) und die südburgenländischen Hügel sind auf der einen Seite zu sehen, nach Norden die Gegend um Heiligenkreuz

und Güssing. Landschaftlich schön geht's auch weiter nach *Kroboteck* (km 11,5).

Die folgende Strecke bis zur Therme Loipersdorf ist in der „Landschaftsvariante“ in C 3 genannt, hier deshalb nur eine kurze Beschreibung. Die Vielfalt der Radwege ist verwirrend. Bleiben Sie im Zweifelsfall immer auf dem Höhenrücken.

Über *Unterhenndorf* und *Oberhenndorf* kommen Sie zur *Therme Loipersdorf* (km 20). Verlassen Sie den Ort Richtung Jennersdorf, wählen Sie schon 500 m weiter die Abzweigung der Radwege „6“

Das „Türkenkreuz“ erinnert an die Schlacht bei Mogersdorf

und „7“. Bleiben Sie auf dem Radweg „7“. Er leitet Sie mit wiederum herrlichen Ausblicken durch eine fast schon kitschig wirkende typische Obstbauerngegend nach *Unterlamm* und nach *Oberlamm* (km 27,5).

Hier in Oberlamm wählen Sie die Nebenstraße hinunter nach Fehring, und im Tal, bei der Spitzkehre (km 31,5), geht's nach Osten. Durch *Weinberg* und *Hohenbrugg*, immer zwischen Bahn und Hang entlang, erreichen Sie Jennersdorf nach insgesamt ca. 37 km. Lange war die Route nicht, aber einige hundert Höhenmeter haben sich doch addiert.

C 5.2 Schleife „Jennersdorf-Süd“

Diese Strecke führt in den südlichsten Zipfel des Burgenlandes, eingezwickt zwischen der Steiermark und dem Örség in Ungarn, nach Süden hin immer enger werdend. Auch hier dominieren die Hügel. Mit einem Gangrad haben Sie eindeutig mehr von der Tour.

Aus *Jennersdorf* (km 0) wählen Sie die Ausfahrt nach *Neumarkt an der Raab* (km 2). Der Ort ist durch seine „Musischen Sommerkurse" bekannt. Seit 1971 werden sie von Handke, Roth, Sinopoli, Moldovan u. a. geleitet. Diesem Zuzug eines kulturell interessierten Publikums entsprechend, wurden einige der alten Bauernhäuser teilweise sehr geschmackvoll in Ateliers umgebaut. Erfreulicherweise blieben aber noch genug nette schilfgedeckte alte Häuser übrig. Ein „Kernöl-Museum" in der Kurve (dzt. stillgelegt) deutet schon auf die kulinarische Nähe zur Südsteiermark.
Durch Neumarkt geht auch der Weitwanderweg 07. Dieser Markierung folgen Sie aus dem Ort kommend in Richtung St. Martin und kurz darauf (km 3) wieder den 07 links hinauf nach *Eisenberg an der Raab*. Das ist kein Ort, sondern ein langgestreckter Weiler auf einem Höhenrücken. Hügelig wird die Angelegenheit nun, und das bleibt so bis zum Ende der Runde. Beim Feuerwehrhaus halten Sie sich links, und dann taucht auch schon die Radwegemarkierung „B 70" auf. Unglaublich viele kleine Gasthäuser säumen den Radweg auf dem Höhenrücken. Hinunter nach *Oberdrosen* (km 8) verlieren Sie leider 80 Höhenmeter, die Sie aber gleich wieder aufholen. In Oberdrosen herrscht bei den Neubauten der für modern erachtete pannonische Säulenbaustil vor, kurz danach taucht der Hinweis auf die Zufahrt zu der einen Kilometer entfernten „Dreiländerecke" zwischen Österreich, Ungarn und Slowenien auf. (Fahrverbot bei Schlechtwetter!!)
Ab nun begrenzt slowenisches Gebiet auf der linken Seite. Direkt an die Grenze kommen Sie 2 km und 100 Höhenmeter weiter beim *Kölbereck* (km 12) sowieso, beim Gasthof „Kalch, vulgo Lang" sollten Sie nicht zu forsch aus der Türe treten, Sie stünden dann nämlich schon fast in Slowenien. Der Ort *Tauka* (km 13,5) liegt wieder unten, und hier, beim etwas unübersichtlichen Straßenknoten, könnten Sie abkürzen, falls Sie feststellen, daß die Sache doch zu hügelig wird:

- Abbruch. Gleich zurück auf der immer fallenden Bundesstraße nach Jennersdorf. Ab *Windisch-Minihof* (4,5 km von Tauka) empfehle ich das Radwegefragment am Osthang. Jennersdorf erreichen Sie nach insgesamt 25 km.

Unentwegte halten sich in *Tauka* (km 13,5) nach *Bonisdorf* (km 17,5). Hier gibt es einen Grenzübergang nach Slowenien, der aber von der Nebenstraße nur durch einen Trick zu erreichen ist. (Auch gäbe es von hier eine Verbindung durch Slowenien nach Murska Sobota und Bad Radkersburg, siehe E.)
Um auch den letzten Winkel des Burgenlandes auszufahren, schlagen Sie beim „Wiesenwirt" und vor Krottendorf einen Haken direkt

an der Grenze entlang und am „kleinen Grenzübergang“ vorbei nach *Kalch* (km 21,5), das wieder verdammt tief liegt. Das ändert sich sofort, denn der Radweg B 70 führt nach Kalchbergen (km 23), das seinem Namen entsprechend höher liegt. Beim folgenden „Romischeck“ vor dem Radler-Gasthof „Koller“ scharf nach rechts, dem B 70 nach, und dann tauchen auch schon die beiden Kirchtürme und die Ruine von *Neuhaus am Klausenbach* (km 26,5) auf, die wie alle Burgen wieder auf einem Hügel liegt. Die Auffahrt ist etwas versteckt und steil. Falls Sie schieben, können Sie aus dem Naturlehrpfad Gewinn ziehen, die Fichte von der Hainbuche auseinanderhalten lernen, und auch Tanne und Buche werden Ihnen danach nicht mehr fremd sein. Oben auf dem windigen Plateau erwartet Sie nur verfallenes zinkenartiges Gemäuer, keineswegs ein „castrum novum“, wie der erste Name der Anlage lautete. Allerdings entschädigt ein sagenhafter Rundblick. Am auffälligsten sind die Burg Kapfenstein in 5 km Luftlinie, das Schloß Tabor, der Gleichenberger Kogel, die Vulkankegel der Südoststeiermark und der eigenartige Doppel-Friedhof des Ortes.
Der Radweg B 70 verläßt Neuhaus am Klausenbach (km 26,5) Richtung Mühlgraben (km 29) und erklimmt über Serpentinen das *Trostlereck*, eine Labestelle. Auf fast 400 m sind Sie nun, und wenn sich der Wald öffnet, gibt es wieder einen dieser sagenhaften Ausblicke, an die man sich schön langsam gewöhnt. Die Tendenz ist nun endlich fallend, und auf einem Höhenrücken im Wald durch *Deutscheck* (km 31) und *Wartegg* kommen Sie nach *Welten* (km 35), das schon im Lafnitztal liegt. Auf der Landesstraße parallel zur Schnellstraße und durch Doiber erreicht der B 70 St. Martin an der Raab (km 41). Besonders die Berghäusersiedlung Richtung Drosen hat noch nette alte Bauernhöfe mit echten Laubengängen, aber Ihre Bereitschaft nach weiteren Bergfahrten dürfte vermutlich gering sein. So kommen Sie über *Neumarkt an der Raab* schnell nach Jennersdorf zurück. Ungefähr 45 km ist die Runde lang, ca. 620 Höhenmeter liegen hinter Ihnen.

D Südoststeiermark und Slowenien

D 1 Die Runde der schönen Ausblicke

Von Fehring zur Kur nach Bad Gleichenberg und zum Wein nach Klöch

„Steckbrief“

Gesamtlänge ca. 64 km, Rundfahrt, sehr hügelige Tour, außer ganz kurzen Naturstrecken alles Asphalt, auch für Rennräder geeignet
Routenführung Fehring – Bad Gleichenberg – Trautmannsdorf – Straden – Radochen – Klöch – St. Anna am Aigen – Kapfenstein – Petersdorf – Fehring
Kartenmaterial Optimal: Radfahrkarte „Region Feldbach“, Österreichische Karte 1:50.000 Blatt 192 Feldbach. Oder: Generalkarte Österreich 1:200.000 Blatt 5

Die Nord-Süd verlaufenden Bäche der Oststeiermark bilden Höhenrücken zwischen ihren Tälern, die zwar nur 100–200 m höher liegen, aber wunderbare Rundblicke gestatten.

Die Route

Ausgangsort ist *Fehring*. Es ist zu erreichen

- mit den ÖBB von Graz, Fürstenfeld, Körmend oder Wien,
- von der Route nach Abschnitt C 5 über das nördlich gelegene Weinberg,
- von Fürstenfeld über Brunn, Johnsdorf, Lödersdorf und über die Riegersburg.

Fehring (km 0) ist als Stadt des fröhlichen Huhns bekannt, das (so sieht es die Werbung) der eigenen Enthauptung noch munter entgegengackert. Der Ort mit dem netten Hauptplatz wird außer den Feinschmeckern auch den Radlern in Erinnerung bleiben, denn hier beginnt eine Radtour, die fast durchgehend auf einem Höhenrücken verläuft, mit Rundblicken ins weite Land. Genauer gesagt, die Runde beginnt im westlichen Nachbarort *Höflach* (km 1) bei einer durch einen hölzernen Wegweiser „Zum Schloßwirt Kapfenstein“ gekenn-

zeichneten Abzweigung in der Ortsmitte. Auch „Kalvarienberg, Hartl, Hutbichl, Pischaun, Rohrberg“ ist hier angegeben, am Ortsende von Höflach weist ein Taferl „Fehringer Radweg 3“ rechts hinauf und an den Kapellen des Kalvarienberges entlang. Auch auf der Folgestrecke werden Sie von Marterln, Gedenkkreuzen, Bäumen mit Heiligenbildern und Bildstöcken begleitet sein, es dürfte sich um einen Pilgerweg handeln. Damit sich niemand verläuft, leitet eine rotweißrote Markierung über Bad Gleichenberg bis Straden.
Durch einen Wald erradeln Sie die ersten Höhenmeter, dann taucht eine der Spezialitäten des Landes auf: die Obstplantagen. Hier wächst und reift *der steirische Apfel.* Die Region wirkt wie ein einziger riesiger Bauerngarten, den Eindruck können auch die neuzeitlich gestutzten Spindelbäume unter den Schutznetzen nicht schmälern.
Der „Maschanzker“ ist die bodenständige Urform der runden Baumfrucht, in den soll angeblich auch der Zar im fernen Moskau gerne hineingebissen haben. Der „Apful“ (althochdeutsch) wird hier freilich schon seit der Steinzeit kultiviert, behaupten Apfelforscher, die den Platten vom Kugelförmigen Streifling unterscheiden können, den Länglichen vom Zugespitzten Spitzapfel, den Reinen vom Kugelförmigen Plattapfel und natürlich die Einfärbigen von den Roten und von den Grauen und von den Goldenen Reinetten.
Der Apfelanbau ist heute international geworden. Selbst im entlegensten Winkel sind amerikanische, neuseeländische, holländische, deutsche und schottische Sorten zu finden, die uns als Golden Delicious, Idared, Jonathan, Gloster, McIntosh, Elstar und Gala bekannt sind. Aber auch die Steirer gibt es noch: den Kronprinz Rudolf, den uralten Maschanzker, den Lederapfel und die Schafnase, die bevorzugt auf Bauernmärkten und im Apfelstrudel auftauchen.
Durch einige Hektar Obstgärten werden Sie radeln, aber nicht alle produzieren den Apfel, sondern häufig auch die Birne. Auch die Geräte zur Weiterverarbeitung werden Sie bemerken: die alten Obstpressen mit den wuchtigen Holzspindeln zur Mostherstellung. Häufig stehen sie nur noch als Dekoration vor umfunktionierten Preßhäusern. Ein weiteres Produkt ist der Obstbrand, für den die Steiermark ebenfalls bekannt ist. Verkosten können Sie diese Spezereien in den Mostbuschenschanken. Nur wenig Wein ist bis Straden zu finden. Die Reblaus hat die Stöcke Ende des 19. Jahrhunderts totgebissen, auf den kaputten Kulturen begann man statt dessen mit dem Obstbau.
Halten Sie sich Richtung *Rohrberg* (km 4,5). Rechts der Wald, links der Ausblick. Durch vom Obstbau geprägte Weiler leitet die Markierung links nach Gleichenberg und 300 m weiter bei einer Kapelle (km 5) auf dem „Radweg B“ nach Kapfenstein und Mahrensdorf. Im Wald gibt es streckenweise keinen Asphalt, harter feiner Schotter ist

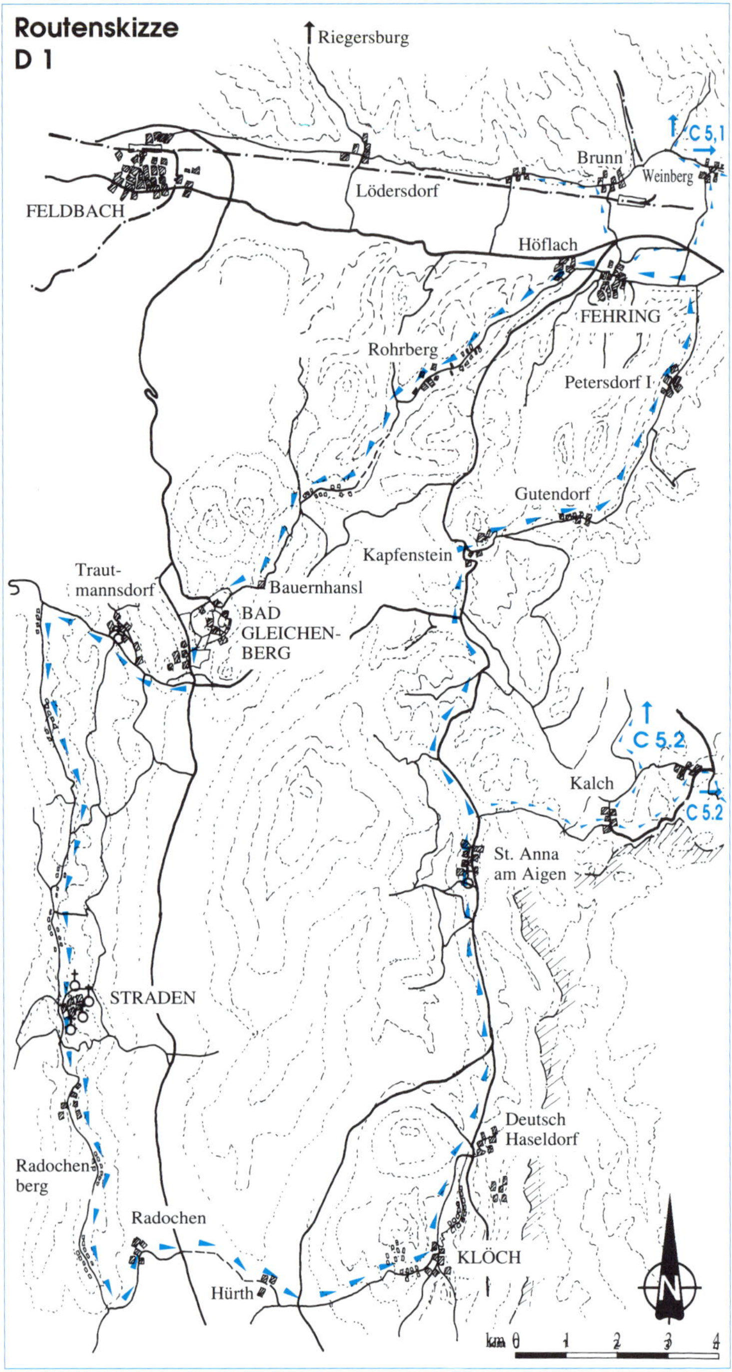
Routenskizze
D 1
Riegersburg
C 5,1
Brunn
Weinberg
Lödersdorf
FELDBACH
Höflach
FEHRING
Rohrberg
Petersdorf I
Gutendorf
Kapfenstein
Traut-
mannsdorf
Bauernhansl
BAD
GLEICHEN-
BERG
C 5.2
Kalch
C 5.2
St. Anna
am Aigen
STRADEN
Deutsch
Haseldorf
Radochen-
berg
Radochen
KLÖCH
Hürth
N
km 0 1 2 3 4

aber auch für Rennradreifen kein Problem. „Bad Gleichenberg" und „Radweg B" sind wieder markiert, auch bei zwei Wegkreuzungen, km 6,5 und km 7. Einen Kilometer weiter sollten Sie links abbiegen und dann zum *Gasthof „Bauernhansel"* (km 8) auffahren. Das nüchterne, im Stil der 70er Jahre groß ausgebaute Wirtshaus bietet mit der nach Süden und Osten offenen Terrasse den weitum besten Pausenplatz. Besonders das Schloß Kapfenstein mit den gut erkennbaren bunten Sonnenschirmen im Gastgarten sollten Sie für die Rückfahrt vormerken.
Halten Sie sich Richtung „Zentrum 2900 m", gemeint ist schon jenes von Bad Gleichenberg. Mit fallender Straße (aber mit „speed bumpers"-Fahrbahnschwellen, Vorsicht!) und fallender Kilometrierung lockt die Kurverwaltung zur Kur mit dem heilbringenden Sprudel nach *Bad Gleichenberg* (km 11).

- Als „Gesundbrunnen der österreichischen Monarchie" war Gleichenberg weit bekannt. Die Architektur der alten Hotels, die Badeanlagen und viel Biedermeierliches erinnern noch heute an Vergangenes. Man hat einen modernen Kurbetrieb aufgezogen, in dem sich Rheuma-, Stoffwechsel-, Herz- und Atmungserkrankungen sowie Erschöpfungszustände bestens kurieren lassen. Auch ein Golfplatz, ein „happy night club" und andere, für einen Kurort typische und doch nicht nur der Kur dienende Betriebe sorgen für Kurzweil während der ärztlich verordneten Ruhephase.
  Vulkanische Aktivität ist die Ursache für den Quell aus der Tiefe. Die Vulkane prägen einen Teil der Oststeiermark, sie leiten auch weiter zum nächsten Ziel, nach Straden.

Verlassen Sie Bad Gleichenberg (km 11) entweder durch die nördliche Ausfahrt oder durch die südliche über Sulz hinauf nach *Trautmannsdorf* (km 15), dessen Kirche auch ohne zuckerlrosa Bemalung markant genug gewesen wäre. Noch ein Stück weiter, am Ort vorbei, müssen Sie auf der Landesstraße Richtung „Gnas" hinauf. Der grünen Markierung „RA 11" folgend, biegen Sie bei km 17 links ab zum „Gedenkstein, Rauchküche" und dem „Wanderweg 750". Die gewonnene Höhe bleibt erhalten, die folgenden 8 km bis Straden sind zwar hügelig, aber angenehm zu durchrollen. Verfahren können Sie sich nicht, die Markierung leitet Sie, und auch das Ziel, Straden mit seiner markanten Silhouette, liegt unübersehbar vor Ihnen. Links das Tal des Sulzbaches, rechts das des Poppendorfer Bachs, und die Radroute bleibt auf dem Längsrücken dazwischen immer oben, mit einer weiten Sicht bis zur Koralpe.
Straden (km 25) baut sich imposant auf, ist aber recht schnell zu erradeln, wenn auch im letzten Teil etwas steil. Wieder lockt ein

Gasthaus unter der Kirche mit einer Terrasse und einem herrlichen Rundblick, diesmal nach Süden und Westen zum Bacher-Gebirge bei Marburg und zur Koralpe. Der Berg ist vulkanischen Ursprungs, so wie die Felsen der Riegersburg, die Berge nördlich von Gleichenberg und von Kapfenstein. Trachytandesit ist die wissenschaftliche Bezeichnung für den vier Millionen Jahre alten Stein von Straden, auf dem gleich vier Kirchen errichtet wurden. Friedlich wirkt der Ort, soferne Sie nicht ein Wochenende mit Dorffest erwischen, was aber auch seinen Reiz hat. Schweinshaxn und Hendln aus Fehring werden da gegrillt, der Wein dazu stammt vielleicht von den kleinen Weingärten an den Hängen des Dorfberges. Auch die „Stradner Musiktage“ finden hier in idyllischer Atmosphäre statt.

Die weitere Radstrecke sehen Sie schon vom Kogel aus: genau nach Süden verläuft sie, und natürlich wieder auf einem Höhenrücken. Die Schußfahrt von *Straden* (km 25) ist beeindruckend, die Wandermarkierung verschwindet im Anstieg zum *Hofberg* (km 26), und durch *Poppen, Unterkarlaberg* (km 28) und *Radochenberg* (km 30) kommen Sie in die Ebene der Mur.

Nun ist der geographische Wendepunkt erreicht, es geht zurück nach Fehring. Bei der Weggabelung halten Sie sich links nach *Radochen* (km 32,5), über Güterwege gelangen Sie nach *Hürth* (km 36).

Der einsame Ort liegt an der Straße nach Klöch, die Anfahrt dorthin verläuft schon sehr symbolträchtig durch Weinfelder. *Klöch* (km 40) und seine Weine sind im Abschnitt D 2 beschrieben. Genau nach Norden führt die Straße (oder falls Sie auf einem ATB sitzen, der Weg durch die Weinfelder) nach *Deutsch Haseldorf* (km 42). Der Name läßt vermuten, daß es auch ein anderes Haseldorf gibt. Ob das so ist, weiß ich nicht, aber die Grenze zu Slowenien ist nur einen Kilometer entfernt, und der Blick nach rechts fällt auf eine nicht weniger reizvolle Gegend jenseits der Grenze. Wieder leitet ein Bergrücken zum nächsten Kogel, auf dem *St. Anna am Aigen* (km 47) liegt. Die Auffahrt zur dominierenden Kirche auf dem schmalen Grat sollten Sie machen. Wieder lockt der Rundblick. Die Kirche entstand aus einer Befestigungsanlage, gegen die Türken natürlich, wie Sie schon vermuten.

Kurz nach St. Anna bietet sich rechts die Abzweigung nach Kalch im Burgenland und zur Strecke nach Abschnitt C 5 an. Zurück nach Fehring geht's aber geradeaus auf der Landesstraße Richtung Kapfenstein. Die Strecke über *Pichl* (km 49) fällt zum Tal des Limbachs ab, um nach *Kapfenstein* (km 54) wieder kräftig anzusteigen. Der Kapfensteiner Kogel mit dem Schloß war schon lange zu sehen, für die Folgestrecke nach Fehring ist auch im Ort rechts abzubiegen Richtung „Gutendorf, Petersdorf“, zur Auffahrt auf das Schloß. Die letzten 500 m sind steil, aber fahren Sie dennoch ganz hinauf zum

Schloß Kapfenstein (km 55,5). Auch diese Anlage diente als Burg zur Abwehr der Muselmanen, Kuruzzen und anderer Heidenvölker, aber auch gegen die Ungarn, die ihrerseits die Burg Neuhaus, nur 5 km Luftlinie entfernt, zum Schutz vor den Steirern errichtet hatten (siehe Route Abschnitt C 5). Der Name leitet sich auch vom „Gaffen“ ab, dem „Auslugen, Ausschau halten“, und hat nichts mit den geschuppten Teichbewohnern zu tun.
Nach der Auffahrt wird Sie vermutlich eher der Gastgarten interessieren als die Geschichte. Kaum zu glauben, aber wieder scheint ausgerechnet diese Terrasse den weitesten Blick ins Land zu bieten. Sieben Schlösser soll man von hier aus sehen, sogar die Karawanken

Schöne Ausblicke erfreuen die Radler in der Südoststeiermark

und die Steiner Alpen wollen kundige Adleraugen entdeckt haben. Mag sein. Bei dunstigem Wetter schauen Sie halt mehr ins Glasl, der Hausherr bietet hervorragenden Eigenbau. Echtes Burgenflair gibt's dann drinnen in den historischen Räumen aus dem 17. Jahrhundert.
Wie weiter nach Fehring?
Runter vom Schloß und zweimal links abbiegend, sind Sie auf der Straße nach *Gutendorf* (km 58). Nur mehr talauswärts und durch *Petersdorf I* (km 62) gelangen Sie ins Tal der Raab. Zwei Kilometer links, und Sie sind wieder in *Fehring* nach 64 km.

Und wie weiter von Fehring?

- Mit den ÖBB nach Graz, Fürstenfeld, Körmend oder Wien
- Über das nördlich gelegene Weinberg zur Route nach Abschnitt C 5
- Über Brunn, Johnsdorf, Lödersdorf und über die Riegersburg nach Fürstenfeld

D 2 Rund um Bad Radkersburg

Im Land der Säuerlinge

„Steckbrief“

Gesamtlänge und *Routenführung* 18 Routen bietet das Radwegenetz um Bad Radkersburg, von 5 bis 136 km Länge. Wem das zu wenig ist, dem empfehle ich zusätzlich folgende Routen:

- D 2.1 Schleife „Vom Säuerling zum Wein“ ca. 28 km, für alle Radtypen geeignet. Route: Bad Radkersburg – Goritz – Klöch – Deutsch Haseldorf – Tieschen – Halbenrain – Bad Radkersburg
- D 2.2 Schleife „Zum Drei-Herzerl-Wasser“ nach Radenci ca. 20 km, für alle Radtypen geeignet. Route: Bad Radkersburg – Sicheldorf – Grenze – Radenci – Gorni Radgona – Bad Radkersburg

Kartenmaterial Optimal: Bad Radkersburg Radrouten-Karten Teil 1 und Teil 2 (zu erhalten beim FVV Bad Radkersburg, Tel. 03476/ 2545). Oder: Österreichische Karte 1:50.000 Blatt 192 Feldbach, Blatt 209 Bad Radkersburg. Oder: Generalkarte Österreich 1:200.000 Blatt 5

„Im Land der Säuerlinge.“ Natürlich sind mit den Säuerlingen die Mineralwässer gemeint, die überall in der Gegend aus dem Boden quellen, nicht etwa die Weine, ganz im Gegenteil! Was z. B. im Bereich Klöch gekeltert wird, gehört zur europäischen Spitze und ist nur deswegen nicht so bekannt wie vergleichbare Kreszenzen aus Italien, Frankreich oder Deutschland, weil die Mengen geringer sind und die Vermarktung hier weniger aggressiv erfolgt. Ein Gutteil wird vor Ort weggetrunken, und das stimmt hoffnungsvoll, macht die Landschaft noch liebenswerter. „Man kann klein anfangen und nach 1600 RADkersburger RADkilometern ganz groß sein!“ ist das Motto, mit dem Bad Radkersburg die Radler in die Region lockt – und deswegen das RAD im Namen großschreibt. Sicherheitshalber hat man unter den Leitspruch auch „Wenn man will“ in Klammern hinzugefügt. Das sportive Motto klemmt nur scheinbar mit den Vorstellungen, die man üblicherweise von einem Kurort hat. Bad Radkersburg als derzeit jüngstes Bad der Steiermark spricht auch ein junges und aktives Publikum an.

Vorbildlich sind die Radrouten markiert. Die echte Orientierung verschaffen aber erst die dazupassenden Radkarten, die erklären, wohin die Route „RA 3“ führt, vor deren grünen Taferln man sonst eher ratlos im Gelände steht. Zwei Ausgaben dieser praktisch gefalteten Karten existieren: „Teil 1“ für Strecken von 5 bis 50 km, und

„Teil 2“ für Strecken von 50 bis 136 km. Eine imposante Statistik kann der Kurort über seine Radstrecken aufweisen: 200 km für Familienradler, 425 km für Hobbyfahrer, 750 km für Sportfahrer und 1600 km für Tourenfahrer bietet man an. Und das auf der „Picknick-Tour“, der „Thermentour“, der „Grenzlandtour“, der „Hausstrecke“, der „Aussichtstour“, der „Tour zur Labung“ und so weiter. Radwirte gibt es, Reparaturwerkstätten, Taxi-Rückholdienste, sogar ein Radhotel. Worüber soll man hier noch schreiben? Neue Routen erfinden? Sicher nicht. Die Markierungen führen schon durch die schönsten Gegenden. Aber die Verbindungen zu den anderen Touren dieses Buches sind herzustellen, und kurze Beschreibungen einiger Strecken sollen Sie animieren.

Die Routen

Ausgangspunkt aller hier beschriebenen Radstrecken ist Bad Radkersburg, das über den Mur-Radwanderweg (Abschnitt D 4), über Fehring, Straden und Klöch (Abschnitt D 1) oder über die „Dreiländerfahrt“ (Abschnitt E) zu erreichen ist.
Bad Radkersburg, die Grenzstadt im östlichsten Zipfel Österreichs, war durch seine „Stadtquelle“ zur Heilung von Nierenleiden und anderer Beschwerden um die Körpermitte schon lange vor der Ernennung zum „Bad“ bekannt. Das Prädikat erhielt sie erst durch die frisch erbohrte „Thermalquelle“ vor den Toren, diese bietet nun auch Linderung bei Rheuma, Gelenksproblemen und anderen einschlägigen Plagen an. Aber selbst die Gesunden haben etwas vom Badebetrieb: ein modernes Freibad im Kurzentrum am Ufer der Mur, zu dem die jüngsten Badegäste auch mit dem Tretroller oder dem Dreirad anreisen. Deutlich älter, nämlich 700 Jahre, ist der befestigte Stadtkern. Wälle, Bastionen und Stadtmauern sollten schützen. Die Region war ja immer Grenzland und Einfälle aus dem ungarisch/slawonischen Tiefland nicht selten. Vom Handel im Grenzgebiet profitierte der wichtige Markt zu allen Zeiten, die Mur war ein wichtiger Handelsweg Richtung Graz, Drau und Donau. Auf der Murbrücke wurde einst eine Maut eingehoben. Heute brauchen Sie statt dessen den Reisepaß, denn der rechtsufrige Stadtteil Oberradkersburg/Gorni Radgona mit der markanten Burg liegt seit 1919 auf slowenischem Gebiet.
Daß Radkersburg nach Bränden, Hochwasserkatastrophen und kriegerischen Zerstörungen mehrmals wiederaufgebaut wurde, merkt man längst nicht mehr. Im Gegenteil. Die Restaurierungen sind derart gut gelungen, daß die Stadt 1978 die europäische Goldmedaille für Denkmalpflege erhielt. Gotische Steinportale, Graffitihäuser, Lauben, Arkaden, romantische Innenhöfe und natür-

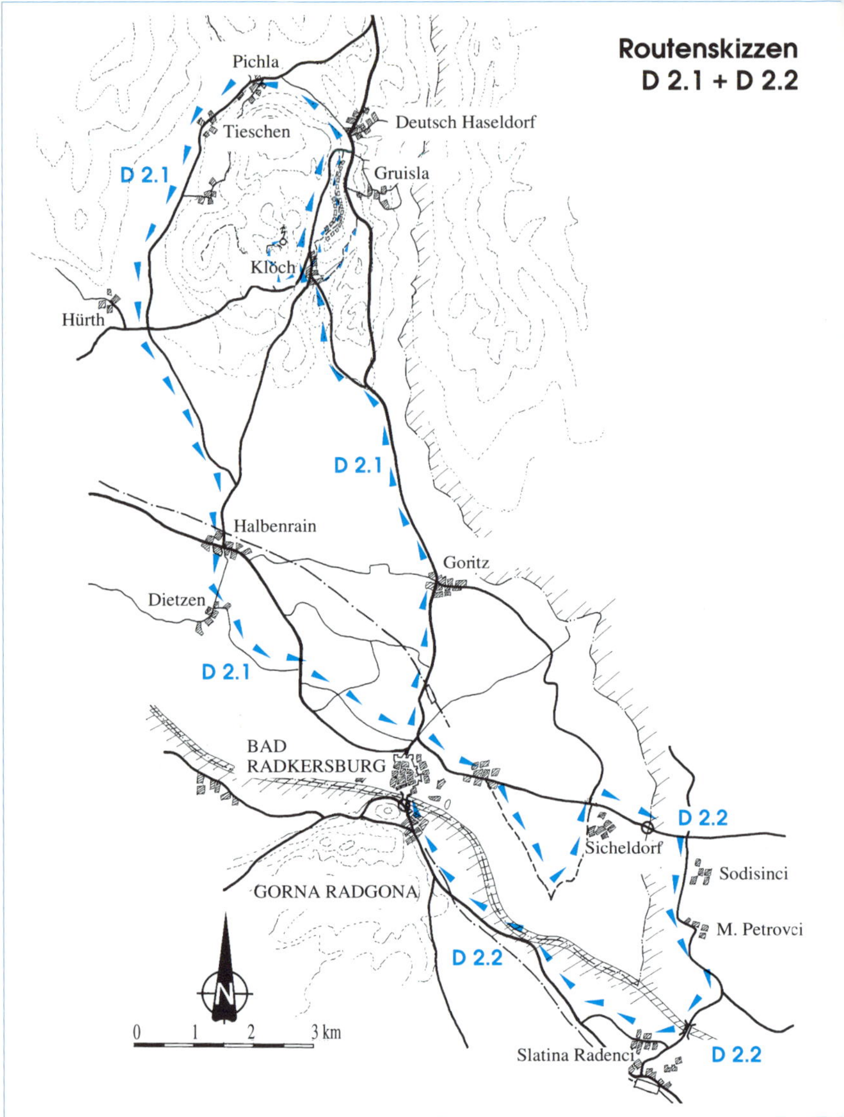

lich der farbenfrohe Hauptplatz bilden einen schönen Rahmen für die Ankunft von oder die Abfahrt zu einer Radtour.

D 2.1 Schleife „Vom Säuerling zum Wein"

Der in Bad Radkersburg (km 0) aus der Erde quellende Säuerling wird unter dem Namen „Long Life" verkauft und eignet sich laut Etikett hervorragend zum Mischen mit Wein. Gut so, das können Sie ausprobieren auf der Fahrt nach Klöch. Verlassen Sie die Stadt am

Bahnhof vorbei genau nach Norden, Richtung „Goritz, Klöch, St. Anna“. Die markierten Radwege „RA 7“, „RA 10“, „RA 11“, „RA 14“ und „RA 17“ führen alle durch *Goritz* (km 3,5), einige weiter nach *Pölten* (km 7).

Am Ortsende nehmen Sie die mit „RA 7“ markierte linke Straße nach *Klöch* (km 9,5). „Licber in den Schuhen Löcher, als einen Tag ohne Klöcher“ ist ein alter Sinnspruch aus dieser Gegend. Die Nennung des Ortsnamens läßt Weinfreunden den Gaumen trocken und die Augen glasig werden. Die Leitsorte des Weinbaugebietes ist der Traminer. Der vulkanische Boden tut der Rebe gut, er läßt je nach Kellerkunst trockene, spritzige, aber auch wuchtige, körperreiche

Die Qualitätsweine aus Klöch sind weltweit bekannt

Ausbauten des Traminers zu. Besonders die Spätlesen, auch jene des Gewürztraminers, haben einen weltweit sehr guten Ruf.

Man kann leicht versumpfen in Klöch und seinen umgebenden Weinbergen mit den malerischen Kellerstöckln und Preßhäusern. Manche wirken wie echte kleine Häuser und wurden auch zu Wochenendbleiben oder Buschenschanken umgebaut. Falls Sie mit dem ATB und somit geeigneter Untersetzung unterwegs sind, bieten sich Ausflüge in die Weinberge an:

- zum Sender auf dem westlich gelegenen „Seindl“, durch die Weinberge des „Klöchberg“ vom Ortsteil Röhrl aus,
- oder auf den „Ölberg“ und weiter nach Gruisla,

- oder nach Hochwarth, wenn Sie vorerst der Markierung des Weitwanderweges 07 folgen und dann dem besseren Weg nach rechts durch die Kellergasse.

Von allen diesen Punkten gibt es weite Rundblicke bis zum Bachergebirge bei Maribor, zu den Windischen Büheln in Slowenien und nach Ungarn.
Kein Wunder, Sie sind nun 200 m über Bad Radkersburg.
Genau nach Norden, entweder auf der Straße Richtung „St. Anna" oder durch die Kellergasse, erreichen Sie die etwas eigenartige Kreuzung vor *Deutsch Haseldorf* (km 12). (Die Strecke zum nächsten Aussichtspunkt, nach „St. Anna am Aigen", ist in Abschnitt D 1 beschrieben.) Die Runde zurück schließt sich jedoch über *Pichla* und *Tieschen* (km 15) zur Kreuzung bei *Hürth* (km 18,5). (ATB-Besitzer können wieder eine Weinberg-Variante wählen: Ab Pichla führt ein Güterweg an den Hängen des Königsberges bis Jörgen und dort auf die Landesstraße zurück.)
Von *Halbenrain* (km 23) gibt es mehrere Radwege nach Bad Radkersburg, das die Wein-Runde mit 28 km abschließt.

D 2.2 Schleife „Zum Drei-Herzerl-Wasser" nach Radenci

Das Mineralwasser mit den drei Herzerln im Etikett kennen Sie sicher. Es kommt als „Radenska" aus Radenci/Radein im heutigen Slowenien, nur wenige Kilometer von Radkersburg entfernt. Die Runde führt dorthin und ist nur für Radler zu empfehlen, die sich durch Straßenverkehr nicht irritieren lassen.
Aus *Bad Radkersburg* (km 0) leitet die Route „RA 9 – Hausstrecke Ost" auf der Straße nach Murska Sobota. In Laafeld (km 1,5) bietet sich ein Ausflug in die Agrikultur an. Der „RA 9" führt auf meist asphaltierten Wegen sehr reizvoll an den Mur-Auen vorbei durch Maiskulturen. Besonders wenn die Feldfrucht hoch steht, dürfen Sie die Wegmarkierung nicht verlieren, den Haken nach *Sicheldorf* (km 5,5) nicht übersehen. Nahe genug riechen Sie den Ort schon, denn es treibt hier einen Schwefelquell aus dem Boden, den Sie (vorsichtig!) an einem öffentlichen Brunnen auch verkosten können. In Sicheldorf führt die Bundesstraße zum Grenzübergang (km 6,5) nach Slowenien. Obwohl die Slowenen nun in einem eigenen Staat leben, haben sie die alten und zu Recht verschrienen Fahrsitten des alten Jugoslawien übernommen. Seien Sie deshalb vorsichtig auf der kurz nach der Grenze rechts Richtung „Radenci" abzweigenden Straße. Über *Sodisinci* und *Murski Petrovci* (km 10) durch die Sümpfe und Auen der Mur und auf recht miesem Asphalt kommen Sie nach *Slatina Radenci* (km 13). Es ist ein großer Kurort, und die Hotels mit

ihren Restaurants sind beliebte Anlaufstellen für Sonntagsausflügler. Einige der guterhaltenen alten Villen aus der k.u.k. Zeit sind zu mieten: Man bietet Quartier für die Kurgäste und auch für Radler an.
Von Slatina Radenci zurück nach Bad Radkersburg ist leider die Hauptstraße über *Stratovci/Schrottendorf* und *Mele/Kellerdorf* nach *Gorni Radgona/Oberradkersburg* (km 19) die einzige Möglichkeit, sofern Sie sich nicht im Rahmen einer ATB-Expedition auf Güterwegen in die malerischen Weinberge schlagen, die das Murfeld im Südwesten begrenzen. Über die Mur, hinüber nach Österreich, und in Bad Radkersburg ist die kleine Runde mit knapp 20 km beendet.

Wie weiter von Bad Radkersburg?

- Mit den ÖBB über Spielfeld nach Graz und Wien
- Wie in Abschnitt E beschrieben, mit dem Rad über Slowenien und Ungarn ins Burgenland oder nach Wien
- Die Mur entlang stromaufwärts bis Graz, wie in Abschnitt D 4 beschrieben
- Über Klöch und die Route nach Abschnitt D 1 nach Fehring und weiter nach Fürstenfeld

D 3 Durch die Windischen Bühel

Abstecher nach Slowenien

„Steckbrief"

Gesamtlänge ca. 43,5 km, nur bedingt für Rennräder geeignet, flach beginnend und ab der Hälfte sehr hügelige Strecke
Routenführung Bad Radkersburg – Gorni Radgona – Apače – Gorni Cmurek – Zagora Velka – Kozjak – Šentilj – Spielfeld
Auf einer Geländekante zur Ebene der Mur, mit prächtigem Panorama
Kartenmaterial Optimal: Bad Radkersburg Radrouten-Karten Teil 1 und Teil 2 (zu erhalten beim FVV Bad Radkersburg, Tel. 03476/2545). Oder: Österreichische Karte 1:50.000 Blatt 208 Mureck, Blatt 209 Bad Radkersburg. Oder: „R 2 Mur-Radwanderweg" 1:50.000. Oder: Generalkarte Österreich 1:200.000 Blatt 5

Die „Südslawische Schweiz" wurde Slowenien in einem Reiseführer von 1929 bezeichnet. Mit den Südslawen wollen die Slowenen seit 1991 absolut nichts mehr zu tun haben, und an die Schweiz erinnern höchstens die Julischen Alpen im Westen des Landes mit ihren wei-

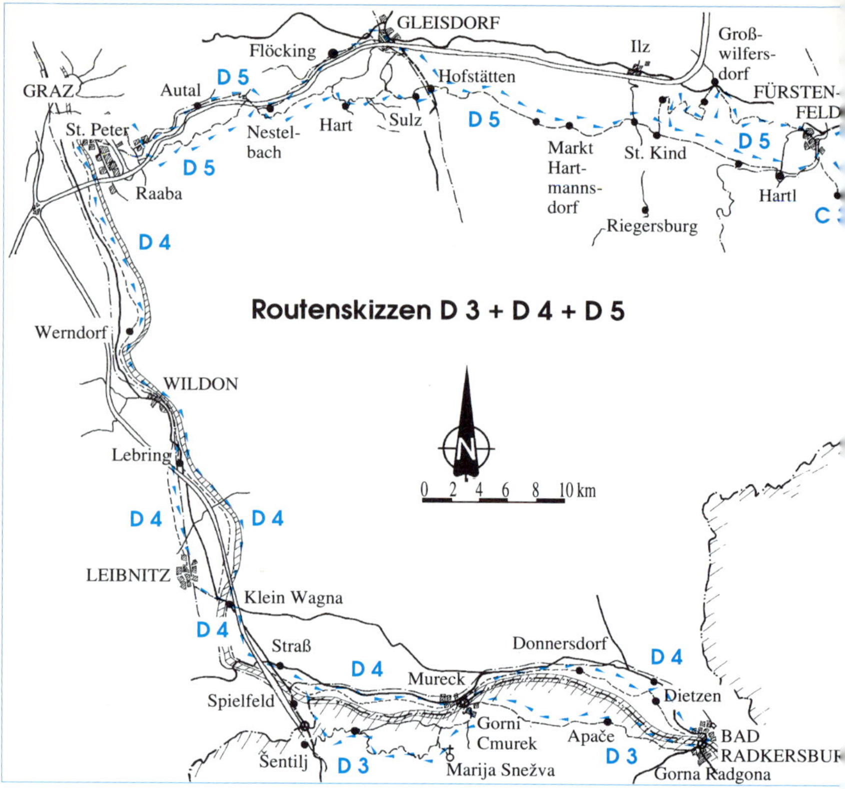

ßen Gipfeln. Ein mit der Schweiz vergleichbarer Wohlstand ist landesweit auch nicht zu bemerken, ebensowenig im beschriebenen Bereich entlang der Mur. Das macht das Land aber nicht weniger reizvoll. Im Gegenteil. Es wirkt nicht übererschlossen, noch nicht dem Konsumwahn verfallen. Auch die vielen natürlichen Brachflächen deuten darauf hin, daß man nicht dem Zwang unterliegt, jedes Fleckerl zu bebauen, dessen Frucht dann sowieso nur mit staatlichen Stützungen zu verschachern ist, wie in den Ländern des geeinten Europa.

Die Route

Die Strecke verläuft durch das ehemalige Hinterland von Bad Radkersburg (km 0). Daß die Region längere Zeit beisammen war, bemerkt man sofort beim Grenzübertritt nach *Gorni Radgona/ Oberradkersburg* (km 0,5) auf der anderen Seite der Mur: die Burg zum Schutz von Stadt und Flußübergang befindet sich auf slowenischer Seite. Die Stadt selbst liegt noch immer im Windschatten von Radkersburg gegenüber. Halten Sie sich gleich nach

der Murbrücke rechts, Richtung „Maribor“. Die Abzweigung wiederum rechts nach „Trate 12 km“ dürfen Sie bei km 2 nicht übersehen. Die Nebenstraße führt an der Mur entlang durch *Lutverci/Leitersdorf* nach *Apače* (km 7), was an einen Winnetou-Film erinnert, aber auf deutsch „Abstall“ heißt, und nach dem die Ebene, durch die Sie radeln, „Abstaller Feld“ benannt ist. Nicht nur Felder dürfen Sie erwarten, auch Brachland und Au dehnen sich vor allem zur Mur hin aus.

Durchströmt ist diese Aulandschaft vom „Mlinski potok“, dem „Mühlenbach“, einem Nebenarm der Mur, an dem noch immer einige Mühlen liegen. Der Asphalt der Strecke durch den Murboden ist sehr traurig, rauh wie in der Prater Hauptallee, Rennradler werden das Tempo reduzieren müssen. Ort reiht sich an Ort und ist nur mehr durch Ortstafeln auseinanderzuhalten. Wenn die Hügel von links an die Mur drücken, gelangen Sie nach *Gorni Cmurek/Obermureck* (km 17,5), das dem österreichischen Mureck gegenüberliegt. (Hier könnten Sie die Runde über die Murbrücke abbrechen und mit der Bahn nach Hause fahren, oder linksufrig entlang dem Mur-Radweg „R 2“ zurück nach Bad Radkersburg gelangen.)

Ab Gorni Cmurek wird's hügelig, und zwar kräftig. Zwei Serpentinen bringen 130 Höhenmeter. Am höchsten Punkt (km 19,5) geht's rechts nach „Šentilj“ (und auch zur „Gostice Paloma“ in Sladki vrh) ab. Das Panorama auf der folgenden Strecke nach Šentilj ist überwältigend. Genau voraus erscheint das über 1500 m hohe Pohorje/Bachergebirge bei Maribor, darunter die Windischen Bühel im Grenzbereich zur Südsteiermark, auch die südoststeirische Hügelkette um St. Anna am Aigen und der Vulkankegel von Straden sind zu sehen. Zwei Kilometer weiter, bei km 21,5, halten Sie sich links Richtung „Zagora Velka/Oberwölling“ (und nicht nach „Maribor“!). Der Weinbau beginnt hier wieder, und bald wird eine Kirche inmitten des Hügellandes auffallen. Es ist *Marija Snežna/Maria Schnee* (km 23,5), das Sie auf einer kurzen, links abzweigenden Stichstraße erreichen. Der Weg und die leichte Steigung lohnen sich. Die Aussichtslage ist schön, der Blick in alle vier Himmelsrichtungen offen, sogar die Koralpe ist zu erkennen.

Radeln im Grenzbereich zwischen Österreich und Slowenien

Die Sackgasse nach Marija Snežna müssen Sie wieder zurück, und westwärts nach Šentilj weiter, beginnt eine an eine Hochschaubahn erinnernde Strecke: Über jeden Hügel drüber, rauf und runter, nicht leicht zu radeln. Bei den Abzweigungen auch nicht leicht zu finden ist die Folgestrecke (im allgemeinen eher rechts halten). Passieren kann überhaupt nichts. Fragen Sie im Zweifelsfall ungeniert. Man spricht meistens perfekt Deutsch, besonders die Bewohner der kleinen Gehöfte freuen sich über ein kurzes nettes Plauscherl mit radelnden Fremdlingen.
Die Strecke verläuft über *Gorni Gradisce* (km 27) und *Srebotje/Lillachberg* nach *Selnica ob Muri/Zellnitz an der Mur* (km 34,5). Kurze Schotterpassagen unterbrechen immer wieder den Asphalt, und wenn Sie in *Kozjak/Goißegg* (km 37) einradeln, haben die Mühen ein Ende: nach Šentilj geht's nur noch hinunter. Sicher sind Ihnen die zahlreichen Reklamehinweise mit den drei Tauben und „Paloma" aufgefallen. Es handelt sich um die Flausch- und Krepp-Produkte einer Papierfabrik in Sladki vrh an der Mur, die weit und breit der größte Arbeitgeber ist. *Šentilj o Slovenskij goricah* (km 40), wie der Ortsname richtig lautet, oder „St. Egidi in Windischbüheln", auch nicht einfacher auf deutsch, ist der Grenzübergang zurück nach Österreich.
Der Bundesstraßen-Übergang führt in den Grenzort *Spielfeld*, der aus der Zeit, als Jugoslawien für die Österreicher noch Sommerreiseziel war, aus dem Verkehrsfunk bestens bekannt ist.

Wie weiter von Spielfeld?

- Gleich nach der Murbrücke (km 43,5) zweigt der Mur-Radwanderweg „R 2“ links ab nach Leibnitz und Graz, oder rechts zurück nach Bad Radkersburg. Beide Strecken sind im Abschnitt D 4 beschrieben
- Mit den ÖBB zurück nach Bad Radkersburg oder nach Graz und Wien

D 4 Von Graz in die Südsteiermark

Auf dem Mur-Radwanderweg R 2 nach Bad Radkersburg

„Steckbrief“

Gesamtlänge ca. 87 km vom Zentrum Graz. Exakt auf dem Radweg R 2 nicht für Rennräder geeignet. Die Strecke ist nicht schwierig, da sie im wesentlichen immer der Mur folgt. Möglichkeiten zu Abstechern in die Weingegend um Gamlitz. Wer sich übernommen hat, kann jederzeit abbrechen, die nächste Bahnstation der ÖBB ist nie weiter als 4 km entfernt

Routenführung Gut beschildert immer an der Mur lang, teilweise durch Auen, teilweise auf Begleitdämmen, teilweise durch Bauernland

Kartenmaterial Radwanderkarte 1:50.000 „R 2 MUR-RADWANDERWEG“ Abschnitt 3 (entspricht der Österreichischen Karte 1:50.000 Blätter 164, 190, 191, 208, 209). Oder: Generalkarte Österreich 1:200.000 Blatt 5

Die Route (Skizze Seite 106)

Es klingt verblüffend, aber es stimmt: Praktisch verkehrsfrei kann man von der steirischen Landeshauptstadt in den südöstlichsten Zipfel Österreichs, nach Bad Radkersburg, gelangen. Daß diese „Traumroute in den Süden“ möglich wurde, ist mehreren Umständen zuzuschreiben. Vorerst den Bemühungen des radfanatischen Gendarmen Michael Baier aus St. Michael/Lungau, der den Ausbau der Strecke entlang der Mur von der Quelle bis zur Grenze im Salzburger Bereich betreibt. Wie an der Donau, haben auch hier die Gastwirte und Lokalpolitiker in Salzburg und der Steiermark bemerkt, daß der Radfahrer ein Wirtschaftsfaktor ist, daß ihm, wenn er durstig und hungrig ist, das Geldbörsl locker sitzt, und haben den Wegeausbau unterstützt. Daß man „vom Enzian zu Welschriesling und Kernöl“ radeln kann, ist auch einer Gruppe zu verdanken, die

trotz mancher gegenteiliger Bemühungen noch immer ins ökologische Out gedrängt wird: die E-Wirtschaft. Die Dämme der neuen Stauhaltungen geben, wie an der Salzach, der Donau und an der Drau, auch an der Mur gute Radwege ab.
An schönen Wochenenden scheint halb Graz nach Leibnitz zu radeln. Tempo machen können Sie als überregionaler Radler dann nicht, das geht auch am Sinn des mit grünen Tafeln und „R 2“ sehr gut markierten Radweges vorbei. Der Typ des „Genußradlers“ und „Schauers“ herrscht eindeutig vor, man ist mit dem Tennisschläger, dem Nachwuchs oder dem Picknickkorb auf dem Gepäckträger unterwegs. Die Ausfahrt aus Graz, der alten beliebten Metropole der Steiermark, entlang dem wichtigsten Fluß des Landes stellt noch keine Anforderungen an die Navigationskunst, das kommt erst. Verblüffend ist, wie unbehelligt von Lärm, Staub und Verkehr durch die Fabriken im Süden von Graz hier zu radeln ist. Richtig grün wird es erst ab der Stadtgrenze, bei der Unterfahrung der Südautobahn. Alternativ zur Industrie wird's dann gleich auf einem harten Feldweg und ab dem Mühlgang, einer alten Ausleitungsstrecke der Mur. Wieder auf Asphalt, aber zickzack durch Grazer Randgemeinden, sollten Sie sich ganz genau auf die grünen R 2-Tafeln konzentrieren. Ich beschreibe die weitere Trasse nur grob, sie ist geschickt angelegt durch locker bebautes Gebiet, unter beängstigenden Rohrleitungen hindurch (Kopf einziehen!), entlang der Mur-Auen geführt, jedoch ohne Hinweistafeln kaum zu finden. *Werndorf* (km 17,5) mit dem alten und dem neuen Dampfkraftwerk versorgt Graz, wenn die Mur zu wenig Wasser führt. Spätestens bei *Wildon* wird klar, wohin die Radler mit der Picknickausrüstung wollen: zu einem der lauschigen Flecken in den Auen am Fluß oder zu den Freizeitanlagen in den Altarmen.
Beim Kraftwerk *Lebring* teilen sich die Radrouten entsprechend den Interessen:

- *Variante 1*

Historiker biegen nach Westen ab auf den Radweg R 6 nach *Leibnitz*, dem römischen Flavia Solva. Ein kurzer neuzeitlicher Umweg, vorbei an Fabriken und unter der Autobahn durch, führt zur kerzengerade angelegten alten Römerstraße, freilich auch durch nicht enden wollende Schottergruben.
Schloß Seggau auf dem markanten Berg in der Schleife der Sulm kündigt *Leibnitz* schon von weitem an. Das Bauwerk beherbergt neben sehenswerten Römersteinen aus Flavia Solva auch ein recht vornehmes Restaurant, in dem Sie willkommen sind, falls Sie eine Krawatte unter dem gestärkten Kragen tragen. Für Radler eher in Betracht kommt das Strandbad in Leibnitz (ca. km 11 von der Ab-

zweigung) mit dem urigen Steinwurf-Wehr. Der Ort ist der bedeutendste der Südsteiermark und entsprechend seiner römischen Tradition noch immer ein wichtiger Standort für den Warenaustausch, derzeit vornehmlich mit Slowenien.
An die Mur kommen Sie zurück, indem Sie vom Zentrum Leibnitz (km 11) Richtung *Kleinwagna* und *Landscha* radeln und bei der Murbrücke auf den R 2 stoßen.

- *Variante 2*

Sie bleiben hart an der Mur und auf dem R 2. Im bald auftauchenden riesigen Komplex lernen die steirischen Feuerwehrmänner das richtige Bergen, Schützen und Retten, ebenso den Umgang mit dem Strahl- und Sprührohr. Es handelt sich um die Landesfeuerwehrschule. Teilweise auf Dämmen, teilweise an den Auen entlang und durch Alt-, Ober-, Straßen-, Unter- und (nur) Gralla, nützt der Radweg wieder neuzeitliche Ufergestaltungen im Zuge des Kraftwerkbaues.

Eine recht unübersichtliche Situation bringt die Querung der Mur bei *Kleinwagna* (km 37,5). Halten Sie sich in den Auen hart am Fluß. Bei der Murbrücke von *Ehrenhausen* (km 43) bleibt der Radweg linksufrig. Fahren Sie doch rüber über den Fluß nach Ehrenhausen, in den sauber herausgeputzten Ort an der S-Kurve mit dem markanten Mausoleum über dem Flecken. Die Familie Eggenberger hatte es, so wie das benachbarte Schloß, erbauen lassen. Ehrenhausen liegt am Beginn der sogenannten „Steirischen Weinstraße“, der Route über einen 30 km langen Höhenrücken, beginnend mit dem Platsch/Plac und Weinbergen links und rechts des Weges. Schwärmerische Gemüter vergleichen Gegend und Wein mit der Toskana oder mit Umbrien, zumindest solange Sie noch nicht dort waren.
Von *Ehrenhausen* kommen Sie linksufrig markiert zur Murbrücke oder rechtsufrig unmarkiert zum Bahnhof des hauptsächlich aus den Verkehrsnachrichten bekannten Ortes *Spielfeld* (km 48).
Der Radweg R 2 folgt vorerst bis zur Wisiakmühle dem ebenfalls nach Bad Radkersburg führenden „Südalpenweg 03“, einem eher selten begangenen Weitwanderweg, dann wird’s pikant. Der folgende Teil des R 2 ist, obwohl völlig flach, besonders bemerkenswert.
Wenn es darum ginge, einen Weg in der Landschaft verschwinden zu lassen, so wäre das Problem hier gelöst. Die Route führt im wahrsten Sinn des Wortes „durch Wald und Flur“, durch Auen und über Äcker, als gelte es, nur ja keine Feldfrucht auszulassen. Im Zickzack auf Feldwegen durch die Botanik, vorbei am Kürbis, dem Kukuruz, der Grundbirne und der Rübe führt die Strecke. Übersehen Sie keinen Wegweiser! *Mureck* (km 61,5), die alte Grenzstadt an der

Mur gegenüber dem Schloß von Gornji Cmurek, bietet nur scheinbar Erholung von der Navigation.
Nach dem Bad am *Röcksee* bietet die folgende Dschungelpartie auf Naturwegen durch die Mur-Auen trotz der Schottergruben wieder ein besonderes Erlebnis. Bei der Meinlmühle sollten Sie sich lautlos vorbeischleichen, falls Sie zu jenen Pedaleuren zählen, die von Hofhunden bevorzugt angefallen werden. In *Donnersdorf* (km 73,5) treffen Sie wieder auf Zivilisation und Asphalt. Zumindest bis *Dietzen* bei *Halbenrain* (km 78), wo wieder ein Hochwasserdamm nach grobstolligem Profil verlangt.
Die markierte Einfahrt nach *Bad Radkersburg* (km 87) führt am neu errichteten Heilbad vorbei zur Murbrücke. Genauso interessant wie der Jungbrunnen für die verkrampften Wadeln, ist freilich der Altstadtkern fürs Gemüt (ausführlich beschrieben in D 2). Für die Restaurierung der Bausubstanz wurde Bad Radkersburg schon 1976 mit der goldenen europäischen Medaille für beispielhafte Denkmalpflege ausgezeichnet. Und die gschmackigen steirischen Welschrieslinge gibt es natürlich auch zu verkosten.

Hier bieten sich als Anschluß die in D 2 beschriebenen Ausflüge in die Umgebung an oder der Abstecher ins Südburgenland. Und falls die Weinkost zu ausgiebig war: Zurück transportieren die ÖBB Rad und Fahrer.

D 5 Von Graz ins Burgenland

Über Gleisdorf und Fürstenfeld

„Steckbrief"

Gesamtlänge und *Routenführung* Zwei Möglichkeiten bieten sich an:

- D 5.1 Variante „Hügelig und beschaulich" ca. 60 km, auch für Rennräder geeignet. Route: Graz St. Peter – Raaba – Höhenstraße – Lamberg – Schemerlhöhe – Hart – Sulz bei Gleisdorf – Hofstätten – Markt Hartmannsdorf – Eichberg – Aschau – Kleegraben – Großwilfersdorf – Maierhofen – Fürstenfeld – Güssing (oder Jennersdorf)
- D 5.2 Variante „Schnell, über Gleisdorf" ca. 60 km, auch für Rennräder geeignet. Route: Graz St. Peter – Autal – Nestelbach – Gleisdorf – Hofstätten – Markt Hartmannsdorf – St. Kind – Fürstenfeld – Güssing (oder Jennersdorf)

Kartenmaterial Optimal: Österreichische Karte 1:50.000 Blatt 164 Graz, Blatt 165 Weiz, Blatt 166 Fürstenfeld. „Radeln im Thermenland – Therme Loipersdorf – das baut auf". Oder: Generalkarte Österreich Blatt 5.

Der Radweg R 10 als Verbindung der Landeshauptstadt Graz mit Gleisdorf und Fürstenfeld existiert derzeit nur als strichlierte Linie in der Radwege-Übersicht. Die koordinierende Oberbaurätin der Steiermärkischen Landesregierung sieht wenig Chancen für die Realisierung vor 1996. Macht nichts, auch unmarkiert kann man ins Burgenland finden. Vielleicht greift die koordinierende Stelle des Landes doch den einen oder anderen Streckenvorschlag auf (vielleicht auch beide).

Die Routen (Skizzen Seite 106)

Auf beiden Routen werden Sie auf lokale Radwege treffen. Sie sind durchwegs sehr ambitioniert angelegt, auch separat für MTB ausgesteckt, gut beschildert, sie führen in Schleifen bei jedem Wirtshaus der Gegend vorbei. Aus dieser Ecke kommt auch die lobenswerte Initiative. Leider sind diese lokalen Wege noch nicht miteinander vernetzt, führen nicht ins Burgenland, so daß ich sie in dieser Beschreibung nicht aufgenommen habe. Soferne Sie bei der Fahrt ins Burgenland nicht unter Zeitdruck leiden, kann ich jedoch sehr empfehlen, einige der Schleifen „mitzunehmen".
Ausgangspunkt ist der südöstliche Stadtteil *Graz St. Peter*. Die St.-Peter-Hauptstraße hat im Stadtgebiet natürlich einigen Verkehr, die Grazer Radler werden sicher einige andere Schleichwege zur Autaler Straße und nach Raaba kennen.

D 5.1 Variante „Hügelig und beschaulich"

Beschaulich beginnt die Strecke leider nicht. Ab *St. Peter* (km 0) durch den Stadtteil Messendorf, vorbei an Kachelöfen und Mikrochips Richtung „Autal, Raaba", ist die St.-Peter-Hauptstraße eine stinkende Ausfahrtmöglichkeit.
Immer geradeaus gelangen Sie Richtung „Hausmannstetten, Grambach" nach *Raaba* (km 2,5), beim folgenden Bahnübergang reduzieren Sie das Tempo, er zieht sonst geklebte Reifen verläßlich von der Felge. Gegenüber einer kleinen Kirche (km 3) nach links abbiegend Richtung „*Dürwagersbach*, Lamberg", kommen Sie in die Mühlenstraße und anschließend in die Höhenstraße, die zu Recht Hügeliges vermuten läßt. Gleich nach der Autobahnunterführung geht's los, stellt sich die Straße auf. Die Folgestrecke auf verkehrs-

armen Gemeindestraßen ist sehr genau beschrieben, die Navigation ist durch fehlende deutliche Längstäler manchmal nicht ganz zweifelsfrei. Die Beschreibung liest sich daher etwas nüchtern, was aber weder zur Gegend noch zu den zahlreichen Gasthäusern entlang der Strecke paßt.

Hundert Höhenmeter nach der Autobahnkreuzung sind Sie bereits auf einem der charakteristischen Höhenrücken, die die Oststeiermark auszeichnen. Der kurze Anstieg hat sich gelohnt, die Unrast der Grazer Niederungen ist vergessen. Hänge mit Obstkulturen beweisen, daß das Klima für Mensch und Obst hier gleichermaßen angenehm ist. Auch durch Wälder führt das asphaltierte Wegerl, über den Buchdruckerberg (nicht nach Grambach, sondern links bleiben!) nach *Dürwagnersbach* (km 7). Bei der Kreuzung nach dem Kerscheck halten Sie sich rechts (km 8,5) und dann geradeaus nach *Steinberg* (nicht nach Tiefernitz, nicht nach Premstätten!).

Die gesamte Höhenbilanz ist positiv, die Strecke also steigend, und wiederum durch alte und neue ländliche Baukultur ist die Richtung „Schemerlhöhe und Laßnitzhöhe" stimmig. Kurz nach der Autobahnquerung (km 13) halten Sie sich rechts, Richtung „Laßnitzhöhe, Schemerl" und dann nach „St. Marein", weiter Richtung „Feldbach und Nestelbach". Diese undurchsichtige Häufung von Wegweisern erleben Sie innerhalb von 300 m, es ist gut gemeint von der Straßenmeisterei und auch einigermaßen logisch. Wieder wird die Autobahn gequert, „Feldbach" ist die Direktion, und kurz später taucht auf Höhe 500, also genau 150 Meter über dem Grazer Hauptplatz, der riesige Gasthof „Trummer" (km 15), vulgo „Schemerlwirt" auf, somit für die Höhe namengebend. „Feldbach, St. Marein, Gleisdorf" stimmt, und in Brunn-Schaufel (km 16) ist links „Gleisdorf, Laßnitzthal" die bessere Variante.

Die nächste Abzweigung geht bei km 18 nach rechts „Hart, St. Margareten, Labuch, Ungerdorf", und eine Kapelle (km 20) inmitten von Obstplantagen zeigt die nächste Abzweigung an. Wieder nach rechts und nach „Hart, Labuchberg, St. Margareten", wieder ein prächtiger Rundblick. Durch typisch oststeirische Obstbaugegend, ist der Weiler *Hart* (km 21,5) das nächste Ziel. Leider ist er wegen fehlender Ortstafeln nur zu erahnen. Nach einem hellblauen Haus links und vor einem rosa Haus rechts, und bei einer Bushaltestelle dazwischen, zweigt nach links eine ebenfalls unbezeichnete Straße ab. Sie führt nach Sulzberg.

Eine Weggabelung bei km 26 weist nach rechts über einen Wanderweg nach „St. Margareten" und zur „Mostschenke Prem". Über einige Zwischenhügel und eine steile Waldabfahrt erreichen Sie in *Sulz* bei Gleisdorf (km 28) das Tal der Raab.

Ganz einfach war die Strecke nicht zu finden, leicht zu fahren war sie auch nicht, aber lohnend war sie sicher. Der folgende Übergang ins Tal der Rittschein stellt geringere Ansprüche an die Navigationskunst, ist aber auch etwas verkehrsstärker.
Im Ort Sulz (km 28) halten Sie sich links und nach *Hofstätten an der Raab* (km 29,5). Dort ist bereits „Markt Hartmannsdorf“ beschildert. Dieser Markt liegt auf der anderen Seite eines Rückens mit 130 m Höhenunterschied. Kurz und steil ist der Anstieg, aber schon nach 2 km sind Sie in *Sommerberg* (km 32) auf einem kurzen Plateau zum Ausschnaufen. Umso schneller geht's über *Pöllau* hinunter nach *Markt Hartmannsdorf* (km 38) im Tal der Rittschein.
Wieder trennt ein Bergrücken dieses Tal von dem der Feistritz im Norden, und auch diesmal locken eine Höhenfahrt und wunderbare Ausblicke. Wiederum ist die Strecke nicht leicht zu befahren, nicht leicht zu finden. Falls Sie schon etwas kraft- oder mutlos sind, schlage ich zwei Varianten vor:

- *„Schnell nach Fürstenfeld“*

Von *Markt Hartmannsdorf* (km 38) wie in D 5.2 beschrieben auf der Landesstraße bleibend, etwas unspektakulär über *Oed, Ottendorf, Walkersdorf* (km 45), *Söchau, Hartl-Übersbach* nach *Fürstenfeld* (km 60).

- *„Mit Navigationsrisiko nach Fürstenfeld“*

Diese Strecke verläuft nur zum Teil auf dem Höhenrücken. Von *Markt Hartmannsdorf* (km 38) auf der Landesstraße bleibend über *Oed* und *Ottendorf* nach *Walkersdorf* und *St. Kind* (km 47).
Für die Folgestrecke sollten Sie die kleine Pfadfinderprüfung haben, denn ganz genau läßt sich die Strecke nicht beschrieben. Das macht sie aber reizvoll und für Leute interessant, die Zeit haben und abseits gelegene Weiler schätzen. *St. Kind*, der Ort mit dem bemerkenswerten Namen, liegt bereits im Radwegenetz der Therme Loipersdorf. Eine empfohlene und in der Radkarte eingezeichnete Radroute führt von St. Kind genau nach Norden, Richtung „Ilz, Neudorf“. Nur 70 Höhenmeter sind zu erklimmen, und im Weiler Reigersberg bei km 49, bei einem Marterl am Waldrand, zweigen Sie nach Osten ab, nach *Schillegg*. Zickzack, unmöglich zu beschreiben, aber dennoch logisch ist die Route durch die einfache und einsame Gegend, und an einer Kapelle sollten Sie vorbeikommen, bevor Sie bei einem Bildstock (km 52,5) rechts nach Radersdorf (km 54) und Großwilfersdorf (km 55,5) abbiegen. Die Einfahrt nach *Großwilfersdorf* benützt ganz kurz die stark befahrene Bundesstraße, und im Ort halten Sie sich rechts nach *Maierhofen* (km 58). 500 m nach dem Ort, im Wald,

zweigt nach links (Osten) und steil ein Güterweg nach Ober-Buchberg (km 59) ab.
Nun hat alle Qual ein Ende: Ab hier leitet eine mit der Nummer „5“ gekennzeichnete Radroute nach Fürstenfeld. Nicht direkt natürlich, sondern weiter rauf und runter über *Unter-Buchberg* und *Hofbergen* (km 61). Zum Schluß geht's wirklich nur mehr hinunter nach *Fürstenfeld* (km 64).

D 5.2 Variante „Schnell, über Gleisdorf“

Gleich vorweg: Flach wie in der Pußta ist die Strecke nicht, einige Anstiege sind schon drinnen, aber weniger Hügel als D 5.1 weist sie doch auf.
Ab *Graz St. Peter* (km 0) wählen Sie die St.-Peter-Hauptstraße Richtung „Autal, Raaba“. Die Abzweigung (km 2,5) nach links, nach „Hart, Pachern, Laßnitzhöhe und Autal“, bringt Beruhigung, die Gegend wird schlagartig ländlicher. Einsamer wird sie deswegen nicht. Eisenbahn und Autobahn begleiten die hier vorgeschlagene Strecke bis Gleisdorf.
Taugt die hölzerne Schallschutzwand mehr als die gläserne? Ist der Erddamm optimal? Hört man die Autobahn weniger, wenn sie höher oder tiefer geführt wird? Um wieviel lauter sind LKW gegenüber PKW? Über alle diese Fragen können Sie sinnieren auf dem Weg von *Raaba* durch *Pachern* (mit der letzten Ampel bis Fürstenfeld), durch *Autal* (km 7,5) nach *Moggau* (km 10). Ab dort wird Sie Praktischeres plagen, die Wahl der Untersetzung z. B., denn über einige Serpentinen mit Pflasterung ist die *Laßnitzhöhe* zu erklimmen. Nach „St. Marein“ beschildert, über die Autobahn (km 12,5) und durch eine Tankstellen-Anhäufung weiter, biegen Sie nach *Nestelbach* (km 14) links ab. Der Ort mit der steilen doppelten Spitzkehre liegt über der Autobahn, und Sie können wieder in Reflexionen über den Betonstreifen verfallen. Unter der Autobahn durch (km 15) und ab Laßnitzthal auch von den ÖBB begleitet, kommen Sie über *Flöcking* (km 20,5) nach *Ludersdorf* (km 22).
Mit der nötigen Vorsicht gerade über die Bundesstraße drüber, werden Sie im Zentrum von Ludersdorf den hellblauen Gasthof „Ludersdorferhof“ bemerken. Hier bietet sich ein Abschneider an, falls Sie an Gleisdorf nicht interessiert sind und es umfahren wollen: Biegen Sie genau gegenüber vom Gasthof in die mit 30 km/h begrenzte Straße ein. Sie unterkreuzt die Bundesstraße und auch die Autobahn. Unmittelbar nach der Autobahnunterkreuzung (km 23) schlagen Sie einen Haken nach links über die Raab und biegen zum „Sportplatz“ und der „Verbandskläranlage“ ein. Nach zwei STOP-Tafeln sind die hellgrünen Gebäude der Kläranlage bereits zu sehen.

Daran vorbei und links nach *Wünschendorf* (km 26), dort kommen Sie auf die Bundesstraße Richtung Feldbach. Auf den folgenden 3 Kilometern bis *Hofstätten* (km 29), wo die Abzweigung nach „Markt Hartmannsdorf" gilt, ist sie die einzige Möglichkeit.
Dieser Markt liegt auf der anderen Seite eines Rückens mit 130 m Höhenunterschied. Kurz und steil ist der Anstieg, schon nach 2 km sind Sie in *Sommerberg* (km 31) auf einem kleinen Plateau mit Obst- und Weinbau. Umso schneller geht's über Pöllau auf einem bescheidenen Radweg hinunter nach *Markt Hartmannsdorf* (km 37).
Die Folgestrecke nach Fürstenfeld ist eine Landesstraße mit mäßig lokalem Verkehr. Es ist eine sehr schöne Rennradstrecke. Über *Oed*, *Ottendorf* und *Walkersdorf* (km 49) wird *St. Kind* erreicht. Kurz danach bietet sich nach rechts ein Abstecher zur Riegersburg an, wenn nicht, kommen Sie durch *Söchau* nach *Hartl – Übersbach* (km 55). In einem großen Bogen um die Stadt und dann am Bahnhof vorbei, rollen Sie nach ca. 60 km auf dem Hauptplatz von *Fürstenfeld* ein.

Und von Fürstenfeld weiter ins Burgenland?

Die Stadt liegt nur 2 km von der Landesgrenze entfernt, folgende Anschlüsse bieten sich an:

- Auf der Route C 2 über Kukmirn nach Güssing
- Auf der Route C 3 nach Heiligenkreuz und weiter über C 4 ins ungarische Örség
- Auf der Route C 3 entlang der Grenze bis Köszeg
- Auf der Route C 3 nach Heiligenkreuz und weiter über C 3 zu den Jennersdorfer Runden
- Mit den ÖBB zurück nach Graz, falls das Wetter umschlägt

Oder in die Südoststeiermark: von Hartl – Übersbach über den Anschluß nach Fehring, wie in D 1 angegeben, mit der Verbindung über D 2 bis Bad Radkersburg.

E Der Sonntagsausflug für Rennradler

Die Dreiländerfahrt Österreich–Ungarn–Slowenien von Wien nach Bad Radkersburg

„Steckbrief“

Gesamtlänge ca. 260 km von der Stadtgrenze Wien. Reine Asphalttour, bestens für Rennräder geeignet. Die Strecke ist im Örség und in Slowenien leicht hügelig, nur vor Eisenstadt gibt es einen größeren Anstieg. Mehrere Sehenswürdigkeiten liegen am Weg. Rückfahrt von Bad Radkersburg mit den ÖBB über Spielfeld und Graz, Ankunft in Wien-Süd noch vor Mitternacht des gleichen Tages
Routenführung Wien – Gramatneusiedl – Stotzing – Eisenstadt – Sopron, ab Sopron verkehrsabhängig zwei Varianten:

- *Variante 1* teilweise auf Hauptstraßen: Sopron – Lövö – Köszeg
- *Variante 2* Nebenstraßen: Sopron – Deutschkreuz – Lutzmannsburg – Köszeg

Köszeg – Szombathely – Ják – Körmend – Öriszentpéter – Salovci – Murska Sobota – Bad Radkersburg
Kartenmaterial Generalkarte Österreich 1:200.000 Blatt 2 und 5, Ungarn 1:300.000

Es klingt zwar etwas ungewöhnlich, aber die Sonntagsfahrt nach Bad Radkersburg ist wirklich an einem Tag zu schaffen, auch wenn Sie kein Verschnitt aus Eddy Merckx und Francesco Moser, sondern nur ein trainierter Hobbyradler sind. Wenn Sie mit 20 km/h im Schnitt fahren, sind Sie genau 13 Stunden im Sattel. Da bleibt noch genügend Zeit für die Csárdás am Wege. Einige Faktoren müssen allerdings zusammenkommen, damit das Unternehmen klappt: vor allem sollte kein Gegenwind blasen. Bei steifem Süd oder Südost fahren Sie von Wien besser Richtung Brünn. Ist auch recht nett dort und näher. Zweitens sollten Sie einen der langen Frühsommertage wählen und rechtzeitig bei Tagesanbruch wegkommen. Und drittens darf es, falls Sie unter Hitze leiden, nicht einer der Hundstage sein. Die Strecke führt ohne größere Waldpassagen praktisch völlig der Sonne ausgesetzt, nach Süden wird's bekanntlich immer wärmer. Paßt das alles, erwartet Sie ein außergewöhnliches Raderlebnis, eine Fahrt durch drei Kulturkreise, durch mehrere Klimazonen, die optimale Trainingseinheit für den Radklassiker Trondheim – Oslo (der freilich mehr als doppelt so lang ist).

Die Route

Die Route folgt von Wien-Zentrum bis Sopron der unter Punkt A 2 beschriebenen. In Gramatneusiedl oder Unterwaltersdorf sollten Sie schon bemerkt haben, ob die Winde so wie im Wetterbericht angekündigt blasen, ob Sie Radkersburg bis 19 Uhr zur Abfahrt des letzten Zugs erreichen werden. Falls Sie wirklich an einem Sonntag radeln, ist in *Eisenstadt* der Bierdurst am frühen Morgen nicht leicht zu löschen. Wenn Sie kein offenes Lokal finden und von den zurückgelegten 57 km noch nicht zu ermattet sind, treten Sie durch bis zur Grenzstelle Klingenbach, denn dort sorgt sich der ÖAMTC nicht nur ganztägig um die Gebrechen der Blechkarossen, sondern im gelben Buffet auch um Ihr Wohl.
In *Sopron*, Sie haben jetzt knapp 80 km in den Beinen, öffnen die meisten Lokale am Hauptplatz sonntags erst um 10 Uhr. Die Gefahr, hängenzubleiben, ist also gering. Falls doch: Sopron ist im Abschnitt A 2 beschrieben.
Wählen Sie die Ausfahrt Richtung Balaton, die Straßen 84 und 85. Vorbei an den Vororten, Verkaufsstandeln und Tankstellen, erreichen Sie nach 5 km den kleinen Ort *Kópháza* mit der Abzweigung nach Deutschkreuz und Wiener Neustadt. Hier müssen Sie aufgrund der Verkehrslage entscheiden, ob Sie die nächsten 20 km bis Lövö, in Ungarn bleibend, auf der Hauptstraße 84 weiterfahren wollen (die Caravans fahren alle an den Plattensee und bleiben auch auf dieser Straße), oder ob Sie rechts nach Österreich abbiegen und auf Nebenstraßen, aber wesentlich hügeliger, nach Köszeg pedalieren. Die Streckendifferenz ist 1 km, also egal.

- *Variante 1*

Die schnelle Route durch Ungarn – ein Stück auf der Hauptstraße:
Für die nächsten zart hügeligen 20 km von Sopron bis Lövö ist leider der freundlicherweise manchmal breite Pannenstreifen der Straße Nr. 84 die einzige Möglichkeit. Bei *Nagycenk* zweigt die Nr. 85 nach Kapuvar und Györ ab, was aber keine wesentliche Erleichterung vom Verkehr bringt. Erst wenn Sie in *Lövö* (km 101) Richtung Köszeg rechts abbiegen, wird das anders. Der nicht enden wollende Ort mit den Einfamilienhäusern in der ungarischen Standardbauweise wirkt nach den soeben erlebten Segnungen der Motorisierung richtig erholsam. Die S-Kurve im folgenden *Sopronhorpács* sollten Sie nicht zu forsch durcheilen. Nicht nur das Gasthäusl an der Ecke mit den Blechsesseln aus der Zwischenkriegs-

Routenskizze E

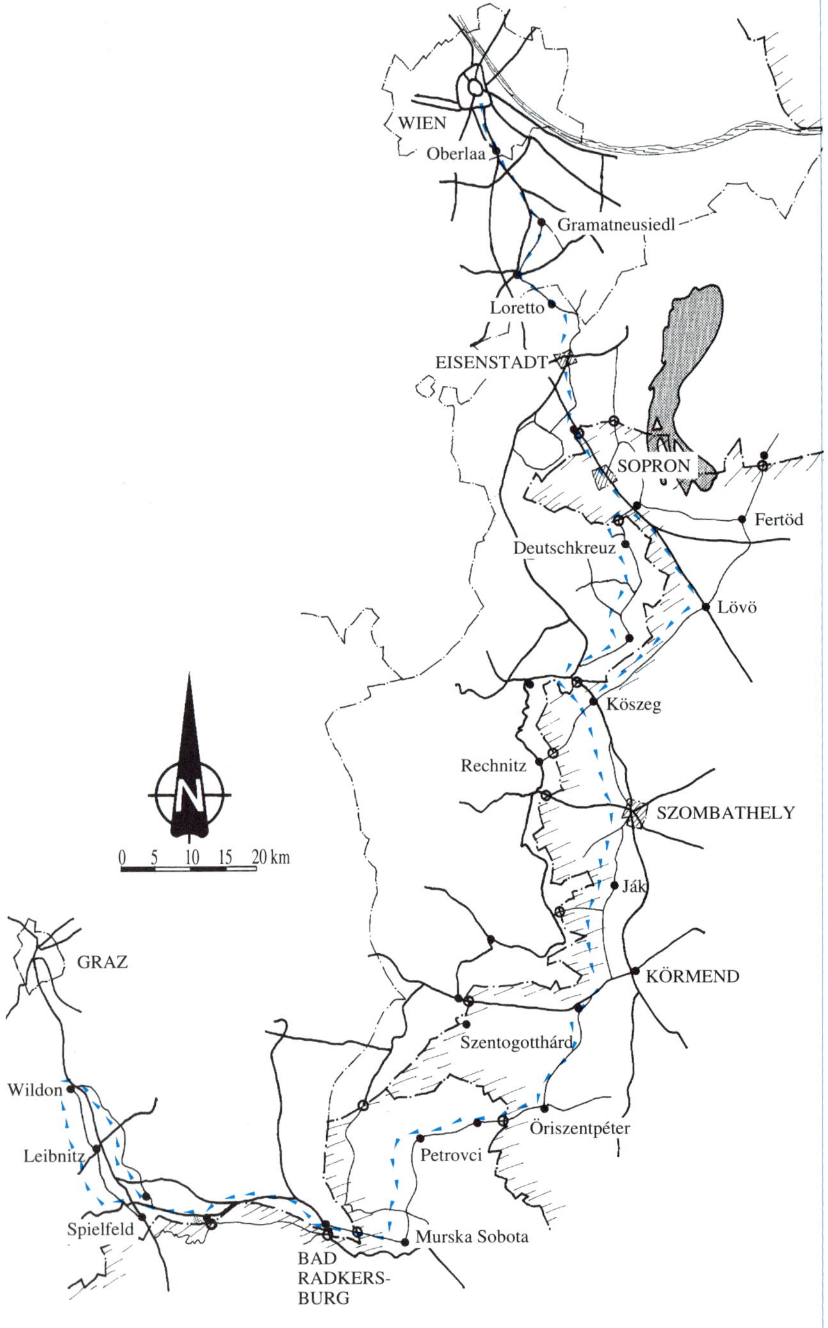

zeit verleitet zu einem Halt, genauso interessant ist die kleine Kirche, der Rest eines nicht erhaltenen Klosters aus dem 13. Jahrhundert, schräg gegenüber. Sieben Säulenpaare bilden ein prächtiges romanisches Rundbogenportal, ein kleines Juwel, das man hier nicht vermutet hätte.
Genau vor Ihnen taucht ein markanter Berg auf, der Geschriebenstein, schon österreichisch. Auf den folgenden 13 km bis Köszeg ist die ungarisch-österreichische Grenze nie weiter als 2 km entfernt.
In *Köszeg*, bei km 116, sollten Sie vielleicht doch eine kleine Pause einlegen.

- *Variante 2*

Die verkehrsarme Route entlang der Rotweinstraße.
Die Zufahrt zum Grenzamt Deutschkreuz kündigt bereits an, wie es weitergeht: hügelig, aber sehr schön. Auf österreichischer Seite kreuzt gleich der „Rotwein-Radweg" die Straße nach *Deutschkreuz*. Nicht vom vielversprechenden Namen ablenken lassen, diese Runde ist in Kapitel B1 genau beschrieben! Wählen Sie im Ort die Abzweigung nach Nikitsch und folgen Sie der für Automobilisten gekennzeichneten Rotweinstraße. Durch Weinfelder und durch den Kreuzer Wald, der genausogut und für Radler aussagekräftiger „Kreuzer Berg" heißen könnte, kommen Sie nach *Nikitsch* und Kroatisch Minihof. Die Richtung nach *Kroatisch Geresdorf* und *Lutzmannsburg* stimmt. Die Ortsnamen und erst recht die zweisprachigen Straßennamen zeigen, daß hier auch oder sogar vorwiegend kroatisch gesprochen wird.
Mannersdorf wird über *Unterloisdorf* erreicht, am Ortsende stellt sich die Straße zum letzten Hügel vor Köszeg auf. Als Radler können Sie sich am Grenzübergang *Rattersdorf* ohne schlechtes Gewissen an den wartenden Autos vorbeischwindeln, es ist so üblich. Hier setzen die Ungarn die EDV besonders gewissenhaft ein, das Eintippen in den Computer egalisiert den Zeitgewinn sowieso. Zwei Kilometer weiter sind Sie bereits im Zentrum von Köszeg, 116 Radkilometer von Wien entfernt. Eine Pause bietet sich an.

Köszeg ist in Kapitel B 3 beschrieben und liegt nicht ganz in der Hälfte der Strecke. Wählen Sie die Straße Nr. 84 nach Süden und nach Szombathely, für die ersten 8 km bis *Gyöngyösfalu* gibt es keine andere Möglichkeit. Dort, unmittelbar vor einer Eisenbahnquerung, zweigt eine Nebenstraße rechts ab, die 10 km verkehrsberuhigt und parallel zur Hauptstraße, gesäumt von Einfamilienhäusern, bis ins Zentrum von Szombathely führt.

- *Szombathely* trägt den „Samstag" im Namen, was auf einen Samstagmarkt hindeutet, der sich hier im Mittelalter etabliert hat.

Der Fleck beim „Stein-am-Anger“ war aber schon den Römern als „Savaria“ bekannt, im Rang einer Colonia Claudia als Hauptort der Region Pannonien einer der wichtigsten Stützpunkte. Die Bernsteinstraße von der Ostsee nach Aqileia verlief hier, und ein kurzer, aber eindrucksvoller Teil dieser eigenartig gewölbten antiken Fernverkehrsstraße ist im Ruinengarten südlich des heutigen Busbahnhofs noch zu sehen. Auf jeder Postkarte von Szombathely ist das Isis-Heiligtum abgebildet. In Wirklichkeit ist dieses Iseum aber schwer zu finden und ohne Umgebung überhaupt nicht zu fotografieren. Das heute etwas verlassen wirkende Tempelfragment läßt nichts von den ehemals prunkvollen und orgiastischen Mysterien zu Ehren der ägyptischen Muttergöttin Isis ahnen. Die neuzeitliche Kunst ist in wesentlich gedämpfteren Formen gleich daneben in der riesigen Kunsthalle zu bewundern. Der dreieckige Hauptplatz der Stadt mit seinen exotischen Sträuchern und großbürgerlichen Bauten, teilweise im Jugendstil, beweist deutlich, daß Szombathely schon immer das Zentrum Westungarns war.
Daß die Gans als „Martini-Gansl“ im November dran glauben muß, verdankt sie übrigens dem heiligen. Martin, der hier in Szombathely geboren wurde und in Gallien als Soldat gedient hat. Als Vorbereitung für die Abreise aufs flache Land wäre ein Besuch des „Skanzen“, des Freilichtmuseums bäuerlicher Architektur und Lebensweise aus dem Örség, zu überlegen. Es befindet sich an einem Teich in der Nähe des Hotels „Claudius“. Szombathely (km 145) ist eine große Stadt, wie Sie unangenehm bemerken werden, die Orientierung fällt nicht leicht. Besonders die Ausfahrt zu finden, erfordert die kleine Pfadfinderprüfung.

Wenn Sie auf eine Besichtigung verzichten wollen, verlassen Sie das Zentrum Richtung Körmend, Straße 84, und biegen dann in die Narai útca Richtung *Nárai* ein. Der kleine, inmitten von Feldern gelegene Ort ist nach 7 km erreicht, und Ják ist die nächste Destination. Die beiden etwas stumpf wirkenden Türme der Sankt-Georgs-Kirche von *Ják* sind von Nárai schon zu sehen (beschrieben in C 3).
Auch das nächste Ziel kündigt sich schon aus der Ferne an. Nicht Kirchtürme, sondern Industriebauten bilden die Silhouette von *Körmend* (173 km). Die von Ják kommende Straße mündet 2 km von Körmend entfernt in die Straße Nr. 8 (beschrieben in C 3).
Die noch über 85 km bis Bad Radkersburg sind nicht zu unterschätzen. (In Körmend könnten Sie abbrechen, mit der Bahn nach Fehring und weiter nach Graz oder Wien gelangen, auch Fürstenfeld ist nur 45 km entfernt.)

Die Radstrecke führt von der Einmündung der Straße von Ják bis Csákánydoroszlo 6 km auf der Straße Nr. 8 Richtung Szentgotthárd. Fahrverbote für Radler müssen Sie negieren, der streckenweise auftauchende Radstreifen erzeugt bei Rennreifen nur Defekte. Ab Csákánydoroszlo Richtung Őriszentpéter ist wieder eine Nebenstraße angenehm erholsamer Untergrund.
Sie radeln jetzt durch das sogenannte *Örség*, das eigentlich ein durchgehendes Freilichtmuseum ist und im Abschnitt C 4 näher beschrieben wird.

Einfach, aber umso gemütlicher ist's im Örség

Leicht hügelig ist die Straße bis *Őriszentpéter* bei km 201, das nicht mehr als eine ausgebaute Straßenkreuzung ist, dennoch aber Hauptort des waldreichen Őrség.
Der Ort besitzt ein kleines Museum und ein großes Wirtshaus, letzteres dürfte den zweifellos körperlich und kulturell schon etwas erschlafften Radler mehr begeistern. Es ist die letzte Einkehrmöglichkeit in Ungarn, im angrenzenden Slowenien sind die Verpflegsstellen auf den ersten 10 km nicht sehr dicht. Der Grenzübergang *Bajánsenye/Hodos* bei km 211 kennzeichnet eine für Radler weit offene Grenze.
Was erwartet den Radler auf der Strecke bis Murska Sobota? Nur wenige Steigungen. Die letzten 30 km vor Bad Radkersburg sind eine klassische Roller-Etappe, genau richtig zum Abschluß.
Obwohl die Gegend landwirtschaftlich intensiv genutzt wird, wirkt das Land nicht übererschlossen, nicht begradigt durch Flurbereinigungen. Die Grundstücke und Höfe sind kleiner, die Traktoren und Autos ebenso. *Murska Sobota*, der Hauptort der Region, ist

eine nüchterne, in den letzten Jahren stark gewachsene Industriestadt. Hier merkt man besonders, daß sich die junge Republik ganz auf die westliche Seite der Wirtschaft geschlagen hat. Überall entstehen neue Geschäfte, von Textilien aus meist eigener Produktion bis zur neuesten Mikroelektronik aus Fernost ist alles zu haben. Für die Radler hat das durchaus praktische Nebeneffekte. Auch die Gastwirtschaft entwickelt sich, zumindest verdursten werden Sie nicht. Bezahlen können Sie übrigens gerne mit Schilling oder Mark.

Für eine Runde durch Bad Radkersburg sollte noch Zeit bleiben

Die letzten 15 km nach Bad Radkersburg sind unproblematisch. Wenn Sie nicht gerade nach 18 Uhr, nach Geschäftsschluß, und dem dann zu erwartenden verstärkten Grenzverkehr unterwegs sind, ist der Abschluß wirklich ein angenehmes Ausrollen.

In *Bad Radkersburg*, das in D 2 beschrieben ist, sollten Sie vor Abfahrt des Zugs (19 Uhr) zumindest eine Pflichtrunde um den Hauptplatz machen, als Krönung des Abenteuers nach ca. 260 km.

Zum Abschluß ein Hinweis für Rennradler, die den 300er unbedingt beenden wollen: 40 km fehlen noch, und falls die Dämmerung noch nicht eingesetzt hat, könnten Sie's schaffen. Bis Wildon an der Mur müßten Sie kommen, und bis *Straß* ist die B 69 die einzig vernünftige Variante, um sich nicht zu verfransen. Von Straß noch bis kurz vor die Murbrücke bei *Ehrenhausen*, dann Richtung *Landscha* an der Mur auf einer Nebenstraße.

Nebenstraßen führen auch weiter rechts der Mur über Leibnitz und Kainach oder links der Mur über Gabersdorf, Ragnitz und St. Georgen a. d. Stiefing nach *Wildon*. Zwölf Kilometer Reserve zu 300 müßte der Tacho anzeigen. Gegen 21.30 Uhr rollt der letzte Zug von Wildon ab. Falls die Anschlüsse und der Radtransport klappen, kommen Sie noch vor Bürobeginn nach Hause (0.33 Uhr an Wien-Süd).

F Informationen

Für alle touristischen Fragen wie Quartier, Radkarten, Radverleih etc. wenden Sie sich bitte an Ihr Reisebüro oder direkt:

- *für das Burgenland:*

Landesfremdenverkehrsverband für das Burgenland
7000 Eisenstadt, Schloß Esterházy, Tel. 02682/3384

- *für die Steiermark:*

Steiermarkinformation
8042 Graz, St.-Peter-Hauptstraße 243, Tel. 0316/403 033-0

- *für Ungarn:*

Ungarische Fremdenverkehrsvertretung
Parkring 12, 1010 Wien, Tel. 512 66 41-25
IBUSZ Reisebüro, 1010 Wien
Krugerstraße 4, oder Kärntnerstraße 26, Tel. 515 55-0
IBUSZ Reisebüro, 6000 Frankfurt am Main , Baselerstr. 46/48
IBUSZ Reisebüro, 8000 München 2, Dachauer Straße 5
IBUSZ Reisebüro, 5000 Köln 1, Mauritiussteinweg 114–116
IBUSZ Reisebüro, 2000 Hamburg 11, Großer Burstah 53
IBUSZ Reisebüro, 8002 Zürich, Freigutstraße 5

Ausrüstung

Für das Rad

Weder Westungarn noch das Burgenland sind eben, schon gar nicht die Oststeiermark oder Slowenien. Die Mär, östlich von Wien sei alles flach, hat keine rationalen Ursprünge. Natürlich kenne ich die Geschichten, mit denen sich leicht protzen läßt: von Weltreisen mit einem Steyr-Waffenrad ohne Gangschaltung, und daß die ostösterreichischen Bergerl auch mit dem Tretroller zu fahren sind. Aber vernünftig betrachtet, macht die Tour mit zumindest drei Gängen am Velo schon bedeutend mehr Spaß. Übliche Ersatzteile sind in größeren Ortschaften in *Österreich* überall zu bekommen, häufig auch bei Tankstellen und Autogeschäften. In *Westungarn* ist der passende Reserveschlauch die Grenze des Angebotes. Ähnliches gilt auch für *Slowenien.* Kurzum: Die übliche Pannenausrüstung mit Schlauch, Ventil, Pickzeug, Reifenheber, Reserveglühbirnchen, Brems- und Schaltseil (mit den passenden Alu-Nippeln!) und Inbusschlüssel sowie die Reservebatterie für den Computer sollten Sie mitnehmen.

Sicherheit

Gestohlen wird auf der ganzen Welt, man ist diesbezüglich längst international. Treten Sie die Reise mit einem guten Radschloß an. Sichern Sie immer das Vorderrad und den Rahmen gemeinsam an einem ortsfesten Gegenstand. Nehmen Sie alles vom abgestellten Rad, also die Pumpe, das Werkzeugtascherl, die Trinkflasche, die Spanngummis und den Computer, und natürlich Wertvolles aus den Packtaschen. Notieren Sie für alle Fälle die genaue Fahrradtype und die Rahmennummer in einem Dokument, das Sie immer bei sich tragen (Ausweis, Paß). Die Rahmennummer ist meist unter dem Tretlager, im Sattelrohr oder im Steuerrohr (unter dem Lenker) eingestanzt.

Für den Radler

Das Klima im beschriebenen Gebiet ist außerordentlich angenehm. Pannonisch beeinflußt, ist schon das Frühjahr mild, und bis in den späten Herbst kann noch geradelt werden. Juli und August sind besonders im ungarischen Teil trocken und heiß, ohne jedoch die brütende Hitze südungarischer Ebenen zu erreichen. Eine unangenehme Spezialität der Region sind die Gewitter mit Hagelunwettern. Die Gewittertürme sind auch ohne meteorologisches G'spür rechtzeitig zu bemerken, können also bei entsprechender Vorsicht immer abgewartet werden. Nehmen Sie schon früh im Jahr Sonnenschutz mit: ein Kapperl oder den Helm, Sonnencreme sowie ein langärmeliges Trikot und eine lange Hose, falls Sie schon einen Sonnenbrand erwischt haben. Eine Regenjacke sollte bei längeren Touren dabei sein, wasserdichte Packtaschen sind eine gute Investition (trotzdem alles in Kunststoffsäcke einwickeln, nicht jede Tasche ist wirklich wasserdicht, auch wenn sie so bezeichnet wird).

Einreise

Die folgenden Angaben beziehen sich auf die Ausreise aus Österreich.

Einreise nach Ungarn

Von den Europäern benötigen nur Albaner, Rumänen, Türken und Portugiesen Sichtvermerke. Für alle anderen reicht ein Reisepaß, Deutsche dürfen sogar mit dem Personalausweis einreisen. Als Radler können Sie ungeniert an wartenden Autos vorbeiradeln, Sie werden von den Zöllnern sogar herangewunken.

Unsere Grenze ist bewacht! Das Bundesheer ist mobil.

Innerhalb von 48 Stunden ist eine polizeiliche Meldung zu erstatten, die formlos durch den Quartiergeber erfolgt.

Derzeit ist die Einreise nach Westungarn über folgende Grenzstellen möglich (Stand Herbst 1992):

Aus Österreich nach Ungarn

Nickelsdorf/Hegyeshalom	PKW international	0–24 h
Klingenbach/Sopron	PKW international	0–24 h
Deutschkreuz/Kópháza	PKW international	0–24 h
Rattersdorf/Köszeg	PKW international	0–24 h
Schachendorf/Bucsu	PKW international	0–24 h
Heiligenkreuz/Rábafüzes	PKW international	0–24 h
Pamhagen/Fertöd	PKW international	6–22 h
Rechnitz/Bozsok	PKW nur A/H	6–22 h
Eberau/Szentpéterfa	PKW nur A/H	6–22 h

Nur für österreichische und ungarische Radler oder Fußgänger:

1. 4.–30. 5.: 8–22 h	Mörbisch/Fertörákos
1. 6.–30. 9.: 6–22 h	Andau/Somorjapuszta
1. 10.– 2. 11.: 8–22 h	

Aus Slowenien nach Ungarn

Hodos/Bajánsenye	PKW international	0–24 h
Lendava/Rédics	PKW international	0–24 h

Einreise nach Slowenien

Mit „Los, gib Gas!“ hatte mich neugierigen Radler ein slowenischer Grenzer schon im August 1991, wenige Tage nach Ende des Bürgerkriegs, ins Land gewunken. Der Paß hatte ihn nicht interessiert, und der interessiert heute erst recht niemanden. Derzeit bieten sich folgende Grenzübergänge für die Einreise nach Slowenien an:

Aus Österreich nach Slowenien

Bonisdorf/Kuzma	PKW international	0–24 h
Sicheldorf/Murska Sobota	PKW international	0–24 h
Bad Radkersburg/G. Radgona	PKW international	0–24 h
Mureck/G. Cmureck	PKW international	0–24 h
Spielfeld/Šentilj	PKW international	0–24 h
Langegg/Jurski vrh	PKW international	0–24 h

Aus Westungarn nach Slowenien

Bajánsenye/Hodos	PKW international	0–24 h
Rédics/Lendava	PKW international	0–24 h

Ausreise

Soferne Sie nur Dinge des persönlichen Gebrauchs mitführen: nicht das geringste Problem. Nähere Informationen zu den Zollvorschriften erhalten Sie schon bei der Einreise.

Essen & Trinken

Speisen

Der beschriebene Bereich bietet Abwechslung. Wer sein Standquartier geschickt wählt, kann an einem Tag vom Frühstück bis zum Abendessen vier Küchen ausprobieren: gewohnt Österreichisches im Burgenland, legendär Ungarisches, bodenständig Steirisches und in Slowenien die Besonderheiten des Balkan. Falstaff hätte seine Freude an dieser Region.

Burgenland

Mit der „pannonischen Küche" wird der Tourist im Burgenland ins Wirtshaus gelockt. Was genau darunter zu verstehen sein soll, ist nicht ganz klar, nachdem auch die neuzeitliche Region „Pannonien" nicht genau zu definieren ist. Was die Speisenkarte angeht, wird die Geographie großzügig aufgefaßt, wenn etwa Karpfen und Zander auch auf die „serbische Art" angeboten werden. Auch wer es anders will, braucht nicht zu darben. Hinteres vom Schwein und Vorderes vom Rind nebst der üblichen mitteleuropäischen Kost werden überall in vorzüglicher Qualität angeboten.

Ungarn

Die ungarische Küche in einem durchschnittlichen Gasthaus (étterem, vendéglö) ist leider immer noch nicht für das oberste Diplom reif. Wer wirklich gut essen will, wird sich noch immer in eines der großen Hotels zurückziehen und den Verlust an Ursprünglichkeit in Kauf nehmen müssen, es sei denn, er findet mit viel Gspür eines der kleinen, jüngst eröffneten privaten Gasthäuser, wo noch oder wieder der Koch dominiert.
Das Wappentier der ungarischen Küche ist nach wie vor das Schwein. Auch wenn die Speisen noch so blumig beschrieben werden, die Basis des Genusses ist mit großer Wahrscheinlichkeit der kurzrüsselige Allesfresser. Die Beilagen variieren zwischen Pommes frites und gemixtem sauren Salat aus der Konserve. Natürlich gibt es auch Fische aus der Region, besonders den Zander, der hier unter „Fogosch" firmiert, ebenso Hecht, Karpfen und Aal. Überall und besonders in Wien bekannt ist das Gulyás, das im ungarischen Original suppenartig serviert wird und als „Pörkölt", mit Nockerln oder Salzkartoffeln als Beilage, der bei uns bekannten Speise entspricht. Eine weitere Spezialität ist die Fischsuppe (Halászlé), original aus verschiedenen Sorten Fisch gekocht. Unter den Süßspeisen sind die Nockerl aus Somloy hervorzuheben, die kalt oder warm serviert werden, ebenso Palatschinken in mehreren Variationen. Besonders beliebt sind die nach Herrn Gundel aus Budapest benannten Nuß-Schoko-Palatschinken.

Steiermark

Die Küche der Oststeiermark hebt Regionales stark hervor. Legendär ist das Kürbisgemüse zum gekochten Rindfleisch. Der Kürbis liefert auch eine weitere Spezialität, das Kürbiskernöl. Empfindliche Radlermägen sind ein wenig vor der „Klachlsuppe" zu warnen. Wenn dieser Auszug von Schweinefüßen und anderem Verschnitt des beliebten Borstentiers original zubereitet ist, ziert ihn eine millimeterdicke Fettschicht. Nicht ganz leicht verdaulich, aber dafür gibt's ja die steirischen Obstschnäpse. Hervorzuheben ist die steirische Gasthausatmosphäre. Es läßt sich immer ohne Hektik speisen, man hat das Gefühl, dem Wirt stets willkommen zu sein.

Slowenien

Auch wenn die Slowenen das derzeit aus politischen Gründen nicht so gerne hören, ihre Küche ist nach wie vor vom Balkan beeinflußt. Lecker gegrillte Fleischsorten und Innereien, Ćevapčići, Mučkalica, Ražnići decken den kulinarischen Bereich bis Subotica, Skopje und Ohrid ab. Auch das ungefragt gereichte geschnittene Weißbrot ist ein Indiz für die Nähe zur südländischen Küche im Mittelmeerraum. Echt slowenische Spezialitäten sind die Forelle (Pastrve), Wild- und Pilzgerichte (divljaci und gljive) sowie pikante Strudel, die als Vorspeise gegessen werden. Scheuen Sie sich nicht vor den ganz kleinen bescheidenen Gasthäusern mit den einfachen Sitzgärten. Große Abwechslung im Speiseplan dürfen Sie zwar nicht erwarten, aber was Sie bekommen, wird Sie zufriedenstellen. Und falls es zu üppig war, gibt es noch überall den Sljivovica, den leicht grünlichen Extrakt aus der gebrannten Zwetschke.

Getränke

Vom Ausflug in die Region haben Sie mehr, wenn Ihnen der Unterschied zwischen einem „herben" und einem „adstringierenden", einem „stahligen" und einem „nervigen" oder gar zwischen einem „netten" und einem „artigen" Wein auffällt. Nur „klein" sollte er nicht sein, und zu knapp auch nicht, der Traubenauszug im Glas.

Burgenland

hat sich vom Weinskandal 1985 bestens erholt. Seitdem und mit dem Heranwachsen einer neuen experimentierfreudigen Winzergeneration existiert hier Qualität, wie man sie noch vor kurzem im Burgenland, ja in ganz Österreich nie für möglich gehalten hätte. Auch der internationale Geschmack hat sich geändert. Muskat-Sylvaner wird nicht mehr „süffig" bezeichnet, und die zu Recht geschätzten burgenländischen Ausbrüche und Trockenbeerenauslesen sind endlich dort eingestuft, wo sie hingehören: bei den Aperitifs und Digestivs. Über die Weine des Burgenlandes zu schreiben hieße, eigene Bücher verfassen zu wollen, die ohnehin schon existieren.
Eine Besonderheit des Südburgenlandes ist der „Uhudler". Dieser bodenständige Wein ist im Abschnitt C 2 bei Heiligenbrunn näher beschrieben. Ohne ihn verkostet zu haben, sollten Sie das Südburgenland nicht verlassen. Da das Land eine Längserstreckung von 150 km aufweist, ist die Geschmacksvielfalt der Weine enorm. Vergleichen Sie die Roten aus Zagersdorf mit denen aus Deutschkreuz, die Weißen aus Deutsch Schützen mit denen aus Jois! Oder vergleichen Sie die Spitzenweine international. Sie werden bald feststellen, daß ein Hauptunterschied nur darin liegt, daß Horitschon und Siegendorf nicht so bekannt sind wie Auxerre und Montepulciano.

Ungarn

Im westlichen Teil des Landes werden Sie bevorzugt die Weine aus der Weinbauregion Sopron angeboten bekommen. Die nicht so extrem heißen

Animierende Routenbeschilderung im Südburgenland

Sommer und die gemäßigten Winter begünstigen hier den Weinanbau. Besonders die über die Grenzen hinaus bekannten Blaufränkischen sind zur deftigen Kost sehr gut trinkbar, sofern man sich an einem ausgeprägt herben Bodengeschmack nicht stößt.
Ein erhöhter Tanningehalt macht sich beim Radeln leider unangenehm bemerkbar: der Durst im Anschluß an das Vierterl Roten ist mörderisch. Halten Sie sich halt an die Weißweinsorten der Gegend, die ebenfalls zu den besseren Lagen Ungarns gezählt werden.
Falls Sie vor die Qual der Wahl gestellt werden, hier einige Angaben zur Orientierung:

Das ungarische Weingesetz unterscheidet drei Qualitätsstufen:

- Tafelwein (Aszalti bor/Kommerz), 9–11° Alk., 14° KMW (68° Öchsle)
- Qualitätswein (Minöségi bor) mind. 10° Alk., mind. 17° KMW (83° Öchsle)
- Qualitätswein mit Prädikat (Különleges minöségi bor), mind. 19° KMW (94° Öchsle)

Für die eigene önologische Erkundung hier eine kleine Hilfe zu den Angaben auf dem Flaschenetikett:

ára	Preis
habzó	schäumend
Aszu	Ausbruch, Trockenbeerenauslese
palackoza	abgefüllt
rosé	Roséwein
édes	süß
száraz	trocken
fehér bor	Weißwein
vörös	rot
félédes	halbsüß

Steiermark

Der bekannteste Wein der Südsteiermark ist der Schilcher. Er wächst an den Osthängen der Koralpe, also nicht im beschriebenen Gebiet. Für den Schilcher gilt übrigens das gleiche wie für den südburgenländischen Uhudler.
Er kam in den 80er Jahren in Mode und behauptet sich seitdem auch in der gehobenen Gastronomie. In der Südoststeiermark, die hier beschrieben wird, wachsen andere Spezialitäten. Der Boden ist das Geheimnis. Vulkanische Verwitterungsböden bringen beispielsweise den trocken angelegten Traminer aus der Gegend Klöch zu höchster Qualität. Die Traminer-Auslesen zählen zu den weltbesten.
Vorsicht hingegen beim „roten Traminer“, der ebenfalls ein Weißwein ist. Die Wein-Leitsorte der Steiermark ist der Welschriesling. Er ist von eigenem Geschmack und von gleichen Sorten anderer Regionen sofort zu unterscheiden. Obwohl das Anbaugebiet der Steiermark relativ klein ist, werden Sie auf mehrere Rebsorten stoßen, wie z. B. Weißburgunder, Ruländer und Müller Thurgau sowie als rare Besonderheit den Morillon.

Slowenien

Die Weine aus dem heutigen Slowenien wurden früher bevorzugt am Hof in Graz getrunken. Besonders die Weine aus Lutomerien und dem Raum Marburg, wo der legendäre steirische Erzherzog Johann ein Musterweingut anlegen ließ, dürften geschmeckt haben.
Eigenartigerweise existiert heute trotz großer Anbauflächen nur ein bescheidenes Angebot. Es ist zu hoffen, daß private Winzer die Chance erkennen und initiativ werden. Der geeignete Boden und die geeigneten Reben wären vorhanden.
Die bekannteren Weißen sind der Laski Rizling und der Tokajer. Die angebotenen Roten stammen häufig aus Dalmatien, sind alkoholreich und, besonders wenn sie von den Inseln stammen, mit interessantem Bodengeschmack. Das gilt auch für die Weißweine von den Inseln.

Fahrradverleih

Österreich Die Bundesbahnen entwickeln sich zum größten Radverleiher der Nation. In allen im Kursbuch mit dem Fahrradsymbol gekennzeichneten Bahnhöfen stehen Velos bereit. Im hier angeführten Raum ist das in: Bad Deutsch Altenburg, Bad Radkersburg, Bad Sauerbrunn, Deutschkreuz, Eisenstadt, Fürstenfeld, Graz Hbf., Hainburg/Donau Personenbahnhof, Leibnitz, Neusiedl am See, Wien-West, Wiener Neustadt, Wolfsthal. Es erwartet Sie kein Spitzengeröhr, die Leihkosten sind öS 45,– pro Tag, falls Sie mit dem Zug anreisen, sonst öS 90,–. Zurückgeben können Sie das Radl bei jedem besetzten Bahnhof während der Dienstzeiten. (Sicherheitshalber vorher anrufen, Lichtbildausweis nicht vergessen!) Stand Herbst 1992.
Sowohl im Burgenland als auch in der Steiermark können Räder in den größeren Ortschaften entliehen werden. Die Landesfremdenverkehrsverbände versenden ausführliches Prospektmaterial.
Ungarn Auch die ungarischen Staatsbahnen verleihen Räder, aber derzeit nur in Köszeg. Private Verleiher konnten wir bisher nur in Sopron entdecken.

Fahrradtransport mit der Bahn

Österreich

Das Rad wird um öS 40,– (mit Halbpreistickets um öS 20,–) entweder als Reisegepäck im gleichen Zug mittransportiert, oder es wird voraus- oder nachgeschickt (Rückreise!). Auskünfte dazu erhalten Sie an den Reisegepäck-Kassen der Bahnhöfe Wien-Süd (0222/5800/31051), Wien-West (0222/5800/31061) und Graz Hauptbahnhof (0316/913 500/326).

Nach Hause mit den ÖBB

Die im österreichischen Kursbuch mit dem Fahrradsymbol gekennzeichneten Züge transportieren das Velo verläßlich, in einigen Zügen sogar gratis. Bei den Schnellbahnen ist die Tageszeit ausschlaggebend.
Für das in diesem Buch beschriebene Gebiet sind folgende Bahnverbindungen mit Radtransport interessant:

Region Bad Deutsch Altenburg und Hainburg:

- von Wien-Nord (Praterstern) und Wien-Mitte (Landstraße) nach Bad Deutsch Altenburg und Hainburg: Schnellbahnzüge stündlich (Fahrräder gratis); während der Sommerferien verkehren täglich morgens und abends (sonst Sa., So. und Fei.) spezielle „Fahrradtransportzüge" (Fahrräder gratis).

Region Neusiedler See und Fertöd

- von Wien-Süd nach Neusiedl am See: stündlich Schnellbahn (Fahrräder gratis); morgens und abends verkehren während der Sommerferien täglich (sonst Sa., So. und Fei.) spezielle „Fahrradtransportzüge" (Fahrräder gratis)
- von Neusiedl am See nach Eisenstadt: mehrmals täglich Zugverbindungen mit begrenztem Laderaum (Gruppen vorher anfragen!)
- von Neusiedl am See nach Fertöd fährt die Raab–Ödenburg–Ebenfurther Bahn: die Züge vormittags ab Neusiedl und vormittags ab Fertöszentmiklós führen Rad-Waggons mit. Zwischendurch reisen Räder nur mit, wenn im Triebwagen Platz ist. (Die Bahnbeamten sind sehr kooperativ.)

Region Mattersburg, Sopron und Deutschkreuz

- von Wien-Süd nach Wiener Neustadt: stündlich Schnellbahn (Fährräder gratis) oder fast halbstündlich normaler Bahnbetrieb (Fahrrad öS 40,– bzw öS 20,–)
- von Wiener Neustadt nach Mattersburg, Sopron und Deutschkreuz: mehrmals täglich Zugsverbindungen mit begrenztem Laderaum (Gruppen vorher anfragen!), manche Züge nur bis Sopron. Die Zollabfertigung in Sopron erfolgt am Bahnhof. Sie laden das Rad aus dem Waggon und gehen mit dem Velo durch den Zoll.

Region Ebenfurth

- von Wien-Süd stündlich Schnellbahnzüge nach Ebenfurth, dazwischen auch Regionalzüge

Region Hartberg, Friedberg, Pinkafeld und Oberwart

- von Wien-Süd und von Graz nach Friedberg und Hartberg: mehrmals täglich
- von Friedberg nach Pinkafeld und Oberwart: mehrmals täglich, einige Züge mit begrenztem Laderaum

Region Fehring, Fürstenfeld und Szentgotthárd

- von Wien-Süd und von Graz nach Fehring und Fürstenfeld: mehrmals täglich
- von Graz über Fehring nach Szentgotthárd: mehrmals täglich

Region Spielfeld und Bad Radkersburg

- von Graz nach Spielfeld mehrmals täglich
- von Spielfeld nach Bad Radkersburg mehrmals täglich, einige Züge mit begrenztem Laderaum

Eine Novität ist der „RAD-BUS“ der ÖBB. Das gelbe Ungeheuer transportiert Rad und Fahrer während der Haupturlaubszeit rund um den Neusiedler See. Die genaueren Daten erfragen Sie bitte bei den ÖBB direkt.

Ungarn

Für das in diesem Buch beschriebene Gebiet sind folgende Bahnverbindungen mit Radtransport interessant und mit großem Vorbehalt angegeben, bitte unbedingt rechtzeitig nachfragen! Stand Herbst 1992.

- Sopron–Szombathely: am Morgen um 4.00 und gegen 14.00 Uhr
- Szombathely–Sopron: gegen 11.30 und gegen 21.30 Uhr
- Szombathely–Körmend–Szentgotthárd: um 6.00 und gegen 16.00 Uhr
- Szentgotthárd–Körmend–Szombathely: gegen 8.30 und gegen 18.00 Uhr

Da man in Ungarn flexibel ist, nehmen die meisten Züge zwischendurch die Räder inoffiziell mit, auch wenn sie auf die Gepäckablage kommen.

Geldwechsel

Ungarn

Es gibt keinen Pflichtumtausch, die Ein- und Ausfuhr ungarischer Währung (Forint) ist aber noch immer verboten. Plastikgeld wird in Souvenirshops,

Duty Free-Läden und größeren Hotels akzeptiert. Je Euroscheck werden maximal 15.000 Forint gewechselt. Wechseln können Sie an jedem Grenzübergang, in Hotels, Banken, Reisebüros, überall zum gleichen offiziellen Kurs.
Damit doch ein wenig Geld im Lande bleibt, dürfen Sie nur max. 50% der offiziell gewechselten Devisen rücktauschen (Quittung mit der Paßnummer aufheben!). Stand Herbst 1992.
Überall nimmt man auch gerne Schilling und DM.

Slowenien

Die junge Republik hat eine neue Währung gedruckt, den „Tolar", dessen Name sich vom „Taler" ableitet. Er erscheint nur als Papiergeld in den Stückelungen 1, 2, 5, 10, 20, 50, 100, 500, 1000, 5000. Schrecken Sie sich nicht beim Wechseln, Sie bekommen vermutlich keine Blüten: die Scheine tragen keinen Namen (das Wort „Tolar" scheint nirgends auf), sie sind alle gleich groß, haben alle dasselbe Motiv, sind von einfacher Papierqualität und unterscheiden sich nur durch Farbe und Wertangabe. Wechseln können Sie an den Grenzstellen (in den Duty Free-Läden), Wechselstuben und in Banken. Stand Herbst 1992.
Schilling und DM werden als Zweitwährung gerne akzeptiert.

Informationen im Land

Im beschriebenen Grenzgebiet von Ungarn und Slowenien sind die österreichischen Radio- und Fernsehprogramme sehr gut zu empfangen.

In *Ungarn*

bietet der Sender „Radio Danubius" zur Urlaubszeit internationale und lokale Informationen in deutscher Sprache auf UKW 100,5 MHz. Die „Budapester Rundschau" erscheint wöchentlich auf Deutsch. In den größeren westungarischen Städten sind bedeutendere deutsche und österreichische Tageszeitungen zu bekommen, sogar zum gleichen Preis wie im Ursprungsland.

Slowenien
sendet über Radio Maribor in Deutsch und Englisch, und das ganzjährig.

Radwege

Das *Burgenland* ist mit Radwegen sehr gut durchzogen, für die nahe Zukunft sind umfangreiche Erweiterungen geplant. Sehr hilfreich ist die jährlich neu erscheinende Radwegekarte 1:200.000 (Landesverband Burgenland Tourismus, Schloß Esterházy, A-7000 Eisenstadt).
Das Land *Steiermark* baut derzeit den Mur-Radweg aus, der von Graz bis Bad Radkersburg schon fertig ist. Eigene Radwegenetze haben die „Regionen Thermenland" um Fürstenfeld/Loipersdorf/Burgau, Bad Radkersburg und Feldbachgeschaffen.
In *Ungarn* ist die Südseite des Neusiedler Sees als Radroute bezeichnet und größtenteils auf Nebenstraßen geführt.
Slowenien ist noch nicht soweit.

Sprache

Die Schreibweise internationaler Wörter ist im Ungarischen und Slowenischen ungewöhnlich, man schreibt wie man spricht.

Ungarisch

Wie Sie gleich bei den ersten ungarischen Wörtern bemerken werden, zählt diese Sprache nicht zur indogermanischen Sprachenfamilie. Durch ihre solitäre Sprache bedingt, sind die Ungarn also gezwungen, Fremdsprachen zu lernen, was ihnen auch ausgezeichnet gelingt. Deutsch ist die beliebteste Zweitsprache. Sie werden auf Ihrer Radtour keine echten Sprachprobleme haben. Auch in Restaurants oder Geschäften können Sie auf Deutsch ordern. Man ist derzeit überall besonders bemüht, auch durch Sprachkenntnisse Weltoffenheit zu demonstrieren.

Damit Sie Ungarisch zumindest einigermaßen richtig ablesen können, einige Hinweise zur Aussprache:

- Die Betonung liegt stets auf der ersten Silbe.
- Vokale mit Akzent sind lang auszusprechen.
- S allein wird wie unser SCH ausgesprochen.
- SZ wird wie unser ß ausgesprochen.
- NY wird wie im französischen Cognac ausgesprochen.
- GY entspricht in etwa dem Laut „dj“.
- -HÁLY, -HELY wird wie „haj“ bzw. „hej“ ausgesprochen.

Slowenisch

zählt zu den südslawischen Sprachen und war im ehemaligen Jugoslawien neben Serbokroatisch und Makedonisch die dritte offizielle Amtssprache. Weil in der ehemaligen Untersteiermark Deutsch traditionsgemäß wichtig war und sich das stark exportorientierte Land besonders an Deutschland und Österreich orientiert, wird unser indogermanischer Dialekt praktisch überall gesprochen. Man ist sogar ein wenig stolz darauf. Englisch ist für die Jugend eines aufstrebenden Staates sowieso Pflicht. Selbst in entlegenen Dörfern erwarten Sie also keine Sprachprobleme.

Unterkunft

Österreich

Hotels, Gasthöfe, Privatzimmer, Ferienwohnungen

Die beschriebene Region verfügt in praktisch jedem größeren Ort über ausgezeichnete Unterkunftsmöglichkeiten. Falls Sie ein Standquartier für mindestens eine Woche suchen, bieten sich auch Ferienwohnungen an. Ausführliche Informationen erhalten Sie bei den zuständigen Landesreisebüros.

Campingplätze

In folgenden Orten finden Sie Campingplätze: Neufeld, Steinbrunn, Forchtenstein, Markt St. Martin, Bernstein, Rechnitz, Jennersdorf, Fürstenfeld, Mureck, Leibnitz und rund um den Neusiedler See (Breitenbrunn, Donnerskirchen, Oggau, Podersdorf, Purbach, Rust).

Jugendherbergen

Zentrale Auskünfte gibt es beim Österreichischen Jugendherbergsverband 1010 Wien, Schottenring 28, Tel. 0222/533 53 53.
Im beschriebenen Teil Österreichs bekommen Sie Quartier in

- 8280 Fürstenfeld, Klostergasse 4, Tel. 03382/2401
- 8333 Riegersburg 3, im Cillitor, Tel. 03153/217
- 8480 Mureck, Austraße, Tel. 03472/2164
- 8471 Spielfeld 149, „Südmark", Tel. 03453/2344

Westungarn

Hotels (szalloda)

Im beschriebenen Teil Westungarns gibt es Hotels in Sopron, Balf, Fertörakós, Nagycenk, Fertöd, Boszok, Bük, Köszeg, Velem, Szombathely, Körmend.

Pensionen (penzio), Gasthöfe (fogado), Privatzimmer (szoba)

Diese Etablissements haben momentan Hochkonjunktur. In praktisch jedem größeren Ort sind zumindest Privatzimmer zu bekommen.

Campingplätze (kemping)

Ein detailliertes Verzeichnis verteilt IBUSZ, oder Sie leisten sich die „Camping-Bibel", den ADAC-Camping-Führer. Auskünfte erteilt auch der

Ungarische Camping und Caravaning Club in

Budapest IX, Kalvin tér 9, Tel. 117-7248, TLX 22-6742
und dessen Kundendienstbüro in
Budapest VIII, Üllöi ut. 6, Tel. 133-6536, TLX 22-6927
Im beschriebenen Teil Westungarns gibt es Campingplätze in Sopron, Balf, Fertörakós (am See), Köszeg, Boszok, Bük, Szombathely, Öriszentpéter.

Jugendherbergen (diakszallo)

Die Übernachtungspreise liegen bei ca. 5 US-$, zahlbar auch in anderer oder Landeswährung. Das zentrale Jugendherbergs-Büro Ungarns ist in Budapest:

Magyar Ifjúsági Házak EXPRESS, 1395 Budapest V, Szabadság tér 16
Tel. 317-777, 129-887, 530-660, TLX 225384, 225139 TUREX H

Dort bietet man auch Ferienprogramme und Reisemöglichkeiten an. Auskünfte dazu erhalten Sie beim „EXPRESS Youth and Student Travel Bureau" unter gleicher Adresse.
Im beschriebenen Teil Westungarns gibt es Jugendherbergen in:

Köszeg: Express Hotel Park, Centre, Felszabadulás Park 2, Tel. 322

Zalaegerszeg: ÉT Hostel „Komjat Aladar" Kollegium, Puskas Tivador ut 1
15. 7.–15. 8., Tel. 921 13 89

Slowenien

Das Land werden Sie vermutlich ohne Nächtigung durchradeln. Quartiere sind mir in Murska Sobota und Slatina Radenci bekannt.

Literaturhinweise

Österreich

BAUMGARTNER/MÜLLER/MÜNZ Identität und Lebenswelt. Ethnische, religiöse und kulturelle Vielfalt im Burgenland. Prugg, Eisenstadt 1989

CZEIKE Felix Das Burgenland. DuMont Kunst-Reiseführer, Köln 1988

DEINHOFER Elisabeth/HORVATH Traude (Hrsg.) Grenzfall Burgenland. Verlag Knaica, Veliki Boristof/Großwarasdorf 1991

GUGLIA Otto/SCHLAG Gerald Burgenland in alten Ansichten. Österreichischer Bundesverlag, Wien 1986

HELD Heinz Kärnten und Steiermark, DuMont Kunst-Reiseführer, Köln 1989

HORVAT Traude/MÜLLNER Eva (Hrsg.) Hart an der Grenze. Burgenland und Westungarn. Verlag für Gesellschaftskritik, Wien 1992

LAJTA Hans Burgenland. Köstlichkeiten aus Küche und Keller. Österreichischer Bundesverlag, Wien 1985

LUGSCHITZ/STEININGER Am Strom entlang – Fahrradführer DONAU Wien bis Budapest. Moby Dick Verlag, Kiel 1993

MAYERHOFER Claudia Dorfzigeuner. Kultur und Geschichte der Burgenland-Roma von der Ersten Republik bis zur Gegenwart. Picus Verlag, Wien 1988

POLLACK Paul Mit dem Rad rund um den Neusiedler See. Österreich & Ungarn. Verlag Niederösterreichisches Pressehaus, St. Pölten–Wien [6]1993

RIEPL Sabine Joschi, wo gibt's die Klachlsuppn? Steirischer Landgasthausführer. Ritter Verlag, Klagenfurt 1992

SCHMELLER Alfred Das Burgenland, seine Kunstwerke, historische Lebens- und Siedlungsformen. Verlag St. Peter, Salzburg 1974

SCHWARZKOLER Ileae/VETTER Harald Weinkultur, Katalog zur Landesausstellung 1990. Kulturreferat der Steiermärkischen Landesregierung

SENFT Hilde und Willi Apfelland Thermenland, erlebte Oststeiermark. Leopold Stocker Verlag, Graz 1990

Ungarn

ARKY István (Hrsg.) Ungarn. Reiseführer und Touristenwörterbuch. Panorama Verlag, Debrecen 1989

GENTHON István Kunstdenkmäler in Ungarn. Ein Bildhandbuch. Corvina Kiado, Ungarn 1981

KEILHAUER Anneliese Ungarn. Kunst und Kultur im Land der Magyaren. DuMont Buchverlag, Köln 1990

KETTLER Wolfgang (Hrsg) Ungarn per Rad. Cyclos Fahrrad-Reiseführer. Verlag W. Kettler, Berlin

LAJTA Hans Westungarn und Budapest, ein Kunst- und Kulturlexikon. Österreichischer Bundesverlag, Wien 1987

LIBAL Wolfgang Ungarn. Ein Führer. Prestel Verlag, München 1985

SCHREIBER Hermann Auf Römerstraßen durch Europa. Ullstein-Verlag, Frankfurt/Main 1988

TRUPPENDIENST TASCHENBUCH Die Nachkriegszeit 1918–1922. Arbeitsgemeinschaft Truppendienst, Verlag Ueberreuter, Wien 1973

Slowenien

CUDDON J. A. Jugoslawien. Ein Führer. Prestel Verlag, München 1986
HORVAT Jasna Slovenci v letu 1789. Die Slowenen im Jahre 1789. Ljubljana 1989
MIOCINOVIC Boris (Hrs.) Die Kellerwirtschaft in Ptuj im Laufe der Jahrhunderte. Landesmuseum Ptuj
ILLUSTRIERTER REISEFÜHRER durch Slowenien, das Kroatische Küstenland, Dalmatien, Montenegro, Bosnien und die Herzegowina. Offiz. Verkehrsbüro des Königreiches der Serben, Kroaten und Slowenen in Wien. Hartleben's Verlag, Wien und Leipzig 1929
ROTHER Frank Jugoslawien. Kust, Geschichte, Landschaft zweischen Adria und Donau. DuMont, Köln 1988

Landkarten

DIE GENERALKARTE ÖSTERREICH, 1:200.000, Offzielle Straßekarte des Österreichischen Automobil- Motorrad- und Touring Club, Blatt 2, Blatt 5, Mairs Geograhischer Verlag, BRD 1988/1989
JUGOSLAWIEN 1:600.000 , Freytag & Berndt, Wien
UNGARN Große Länderkarte 1:300.000, RV Reise- und Verkehrsverlag
KÖSZEGI HEGYSÉG/GÜNSER GEBIRGE, Wanderkarte.
RADTOURENKARTE Österreich, 1:200.000, Blatt 1 (Doaubereich: Grein–Krems–Wien–Hainburg–Preßburg), Blatt 2 (Wien–Preßburg und der Neusiedler See mit Seewinkel), Argus, Verein Fahrradbüro Wien
MARCH-DONAULAND, Radtouren und Wanderwege 1:75.000, Fremdenverkehrsverband/Region, Badgasse 21, 2450 Bad Deutsch Altenburg, Tel. 02165/4820
STRASSENKARTE mit Radrouten. „Heute und morgen“ Burgenland., Landesfremdenverkehrsverband für das Burgenland, Schloß Esterházy, 7000 Eisestadt, Tel. 2682/338 420
BLAUFRÄNKISCHLAND: Wo Radfahren zum Erlebnis wird, Arge Blaufränkischland, Hauptstraße 75, 7301 Deutschkreuz, Tel. 02613/203
RADWEGE GÜSSING, B 60 west, B 61 ost, FVV Güssing, Hauptplatz 4, 7540 Güssing, Tel. 03322/2515
MURRADWANDERWEG R 2, Abschnitt 3, Graz–Spielfeld–Bad Radkersburg, 1992, FV-Information, Herrengasse 16, 8010 Graz, Tel. 0316/835241-11
ERLEBNISWELT FÜRSTENFELD, RADWANDERKARTE 1:50.000, Regionaler Fremdenverkehrsverband, 8280 Fürstenfeld, Augustinerplatz 1, Tel. 03382/554 70 oder 8550
RADELN IM THERMENLAND, Therme Loipersdorf – das baut auf, 8282 Loipersdorf 152, Tel. 03382/8204-0
BAD RADKERSBURG RADTOUREN Teil 1, von 5 bis 50 km, Teil 2, von 50 bis 136 km, Fremdenverkehrsverband Bad Radkersburg, Hauptplatz 1, Tel. 03476/2545
RADFAHRKARTE „Region Feldbach“, Tourismusverband Feldbach, 8330 Feldbach, Hauptplatz 30 Tel. 03152/3079

Topographisches Register

RADVERGNÜGEN IM BURGENLAND

Die sanft-hügeligen Landschaften des Mittel- und Südburgenlandes stellen ein wahres Eldorado für Radler jeden Alters und jeder Konditionsstärke dar. Doch nicht nur Sportler kommen auf ihre Rechnung, auch Freunde von Kultur und Natur können per Rad die Schönheiten des Landes erkunden.

So führt - zum Beispiel - der ***Rosaliaradweg*** (B 32) zur mächtigen Burg Forchtenstein, wo 1993 die Burgenländische Landesausstellung mit dem Titel "Bollwerk Forchtenstein" stattfindet.

Der ***Waldquellenradweg*** (B 42), ein Rundkurs im mittleren Burgenland, bringt den Radfahrer zu Schloß Kobersdorf, wo alljährlich in den Sommermonaten Juli und August "leichtes" Theater gespielt wird. 1993 steht "Ein Sommernachtstraum" von William Shakespeare auf dem Spielplan.

Weinkultur wird auf dem ***Rotweinradweg*** (B 40) im Blaufränkischland und entlang der ***Weinidylle Südburgenland*** (R 56) geboten.

Die Radwege im Bezirk ***Güssing*** (B 60 und B 61) werden von der mittelalterlichen Burg Güssing dominiert, die weithin sichtbar auf einem erloschenen Vulkankegel thront.

Und auch im südlichsten Zipfel des Landes laden bestens markierte Rundkurse wie der ***Radweg Neuhauser Hügelland*** (B 70) oder der ***Thermenradweg*** (B 71) zum Radfahren ein.

Wer besonders die Natur genießen möchte - unberührte blühende Wiesen, die sich mit Weingärten, Feldern und Waldgruppen abwechseln - der umrundet auf dem Drahtesel den ***"Marzer Kogl"*** (B 30) - ein Naturschutzgebiet im nördlichen Burgenland.

Kreuz und Quer - Radeln natürlich im Burgenland! Gönn' Dir den Himmel auf Erden!

Information ▲ Burgenland Tourismus ▲ Schloß Esterházy ▲ A-7000 Eisenstadt ▲ Tel. 02682/6338416